U0943890

财报狗教你看懂财务报表

股票投资人和企业主管的第一本书

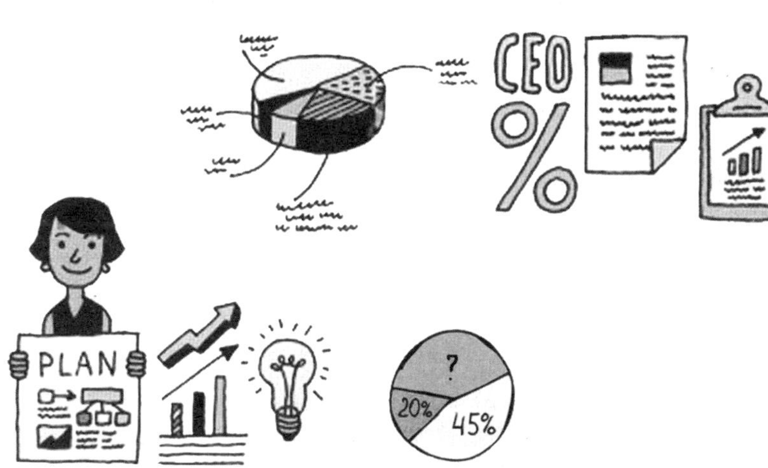

SPM
南方出版传媒
广东经济出版社
—广州—

图书在版编目（CIP）数据

财报狗教你看懂财务报表：股票投资人和企业主管的第一本书／财报狗著．—广州：广东经济出版社，2020.1
ISBN 978－7－5454－6676－8

Ⅰ．①财… Ⅱ．①财… Ⅲ．①会计报表－基本知识 Ⅳ．①F231.5

中国版本图书馆 CIP 数据核字（2019）第 044677 号

版权登记号：19－2019－029

出 版 人：李　鹏
专业审读：代义国
责任编辑：张晶晶
责任技编：陆俊帆
封面设计：朱晓艳

财报狗教你看懂财务报表：股票投资人和企业主管的第一本书
Caibaogou Jiaoni Kandong Caiwubaobiao：Gupiao Touziren He Qiye Zhuguan De Diyiben Shu

出版发行	广东经济出版社（广州市环市东路水荫路 11 号 11－12 楼）
经销	全国新华书店
印刷	佛山市迎高彩印有限公司 （佛山市顺德区陈村镇广隆工业区兴业七路 9 号）
开本	880 毫米×1230 毫米　1/32
印张	7.75
字数	160 千字
版次	2020 年 1 月第 1 版
印次	2020 年 1 月第 1 次
书号	ISBN 978－7－5454－6676－8
定价	39.80 元

广东经济出版社网址：**http://www.gebook.com**　微博：**http://e.weibo.com/gebook**
发行部地址：广州市环市东路水荫路 11 号 11 楼
电话：（020）87393830　邮政编码：510075
如发现印装质量问题，影响阅读，请与承印厂联系调换。
广东经济出版社常年法律顾问：胡志海律师

推荐序

教你抓关键数据找出财报里的赚钱快捷方式

“财报狗”，这是一个由3个年轻人组成的团队，平均年龄不满30岁，如果你因为他们年轻就忽略他们的看法，那可就大错特错。

这3人均毕业于台湾大学电信工程研究所，离开校园后各奔西东，有人进了金融业，当起证券分析师；有人走本行，在电信相关产业服务；还有一位则投身网络，每日忙着做网站、写程序。但3人有一项共同的“爱好”，就是热爱投资，因此他们经常聚在一起聊股票、谈投资，并将研究心得无私地发表在网上，得到了热烈反响。

凭着对投资的热爱，3个人用功钻研投资的各种知识，并积极向高手学习。《Smart 智富》月刊邀请财报狗团队开设专栏，其中两位成员前来洽谈相关事宜时，他们并未急着吹嘘自己有多厉害，而是期望我们引荐常在本刊出现的几位投资专家，希望有机会能当面请益。他们热切而真挚的眼神、积极进取的学习态度，令我难忘。

收到书稿时，又有新的惊喜。这几个逻辑清晰、辩才无碍的年轻人，对投资知识掌握得相当全面，叙事的技巧也有一定功力。更难能可贵的是，他们了解一般读者对于财务报表的恐惧感，因此能化繁为简，以鸡排摊、快饮店等小生意的例子来切入，辅以详细图解，帮助读者跨越财报障碍，直指关键核心。其中有一句话说得非常好："对于一般人来说，研究财报只有一个目的——赚钱。"

在这个基本也是唯一的目的的引导下，这本书不奢谈财务报表复杂的学理，或是琐碎的事项，而是直接切入应用面，教读者如何从财报中抓出几个关键指标，并辅以财报狗自行研发的分析方法，用以了解公司基本面，选到好股，买对好价位，最后赚到大钱。对于时间不多的上班族，或是财报基础薄弱的新手，这本书能让你得到"够用"的财报基本知识，而对于已经娴熟财报的老手，本书对财报分析的独到见解与独门指标，亦可增进你的认知与投资功夫，我衷心向各位推荐。

《Smart 智富》月刊　总编辑

自序

拥抱基本面　稳赚 20% 年报酬

很多朋友问我们，投资有很多面向可以选，有政策面、技术面、消息面等，为什么我们要选最困难的“基本面”投资呢？其实我们刚进入股市时，也是由技术分析着手，虽然学了相当多的方法，但报酬率始终不稳定；加上频繁进出被吃掉的手续费和交易税，前 3 年的年复合报酬（收益）率只有 10% 左右。

其后，开始接触基本面分析，懂得低档买进绩优股，像是中碳（1723）、五鼎（1733）等，虽然在金融海啸那一年的报酬率是惨烈的 –21%，但是，也由于当时买的股票都是经过基本面深入分析的，所以抱得住；更在 2009 年时全部赚了回来，2008—2009 年，我们的投资年复合报酬率约为 15%，开始有进步了。

经过金融海啸的洗礼，我们想通了一件事，稳定的报酬才是获利的关键。举个例子，若你能维持 20% 的报酬率 20 年，可以赚几倍？答案可能出乎你的意料——37 倍！换一种情况，假设你 1 年赚 60%，来年赔 20%，平均起来也是 20%，如此持续 20 年，可以赚几倍？只有 11 倍。答案很清楚了，稳定的报酬率才是通往财富自由的关键。

为了达成稳定的报酬率，2010 年起我们开始把基本面分析流程化与图表化，并使用相当多的网络工具作为辅助，经过不断地修正后，复合报酬率已经超过 20%，达成了目标。把这些辅助我们分析的网络工具公开给大家使用，也就是大家现在看到的财报狗网站。

所谓工欲善其事，必先利其器。财报狗网站虽然提供许多基本面工具，但投资人还是不太会使用，认为基本面分析是很高深的学问。为了让大家快速进入基本分析的殿堂，本书不谈高深的财报理论，而是直接将基本分析拆成四个简单的步骤——获利性分析、安全性分析、价值评估、成长性分析，只要照着书中的步骤一步一步做，你也可以完整地分析任何一家公司的投资价值，并决定买进、卖出的时机。

最后还是要老生常谈。本书的完成、财报狗网站可以顺利营运，都是靠财报狗团队的家人们长期支持，我们无数个日夜都在苦战程序、翻阅书籍、研究报告，因此忽略了家人，希望以后可以多点时间陪陪他们。

财报狗团队 5 年的研究精华，已经全部灌注在本书里，没有别的了。若这本书能帮助你更好地了解公司的财务状况，提升长期投资绩效，并协助你把原本耗费的大量投资时间与精力节省下来，留给自己最重要的人、事、物，我们将会非常高兴，这就是本书出版最单纯的目的。

再次谢谢大家长久以来的支持。

财报狗团队　敬上

前言

3 大重点导读　看懂财报不必靠明牌

为什么要学财报？每次财报狗的课程开始前，我们都会问大家这句话。下面是同学们最常出现的回答：

同学 A：学财报很有趣！（财报有趣？这人脑袋有问题吗？）

同学 B：想深入研究这门学问！（学问这么多门，为何偏偏要研究财报这门？）

同学 C：学完财报就可以自己开公司了！（……）

同学 D：可以深入了解公司发展。（没错……然后呢？）

为什么要学财报？我们的答案非常简单——赚钱。

企业获利与股价趋势，关系密不可分

对于财报狗来说，学财报只有一个目的，就是了解企业的经营状况，提升股票的投资报酬率。你或许会认为，股票不就是法人与主力的游戏吗？他们炒作哪一只股票，哪一只就涨？让我们先看两个例子，再下定论。

上银（2049）股价从 2009 年 10 月起涨，经过两年的时间，从 30 元（新台币，全书同）上涨至 400 元，涨幅高达 12 倍，为什么呢？因为法人与主力炒作吗？当然不是！因为上银的获利能力不断提升，每股税后盈余（EPS）从单季亏损，成长至单季赚 4.76 元，股价自然跟着水涨船高。但上银 2012 年获利滑落，股价也跟着开始回调（详见图 1）。

图 1 企业获利才是股价上涨的保证——上银（2049）EPS 与股价月均价走势

其实，任何一家公司股价的长期走势一定和它的 EPS 高度相关，任何公司都是如此。但不可否认，虽然长期相关，但短期还是可能出现背离的现象。

2010 年有一个很疯狂的例子，上柜公司（在柜台市场 OTCBB 交易的公司）唐锋（4609）在 41 个交易日飙出 31 个涨停板；才短短 2 个月，股价从 29 元左右上涨至 299.5 元的天价（股价涨 10 倍，上银可是花了快两年）。但是仔细看，主业为制造小家电的唐锋，EPS 并不出色，一季甚至赚不到 1 元，股价很明显背离基本面。

唐锋在 2010 年 8 月 25 日飙上最高价后，隔天开始连续出现 3 个跌停板；由于股价波动异常，柜买中心（证券柜台买卖中心）要求唐锋 8 月 31 日前交出 2010 年全年财测报告，唐锋无法如期交出，依规定在 8 月 31 日当天停止交易。2010 年 12 月 14 日恢复交易后，上演天天跌停的戏码，甚至整天都没人挂出委买单，跌停直到 49 元左右才打开。2011 年年底到 2013 年第 1 季度，唐锋股价始终回不到 20 元，最低还曾跌破 10 元票面价，不知有多少投资人因此血本无归（见图 2）。

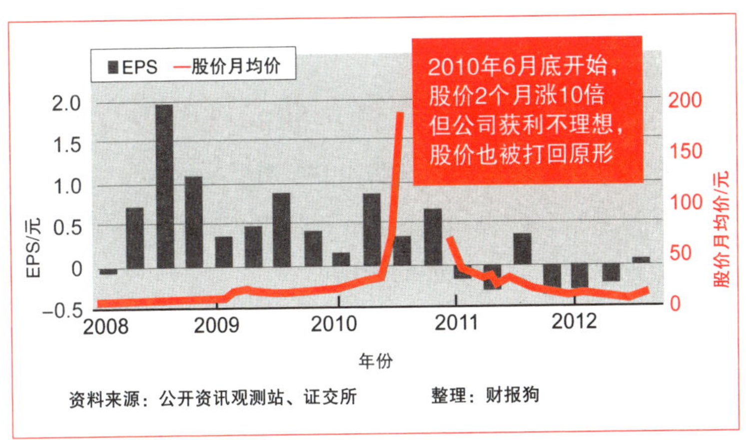

图 2　不赚钱却飙涨，股价仍会回归基本面——唐锋（4609）EPS 与股价月均价走势

从这两个例子可以发现，股价一定会长期反映公司的获利情况，买进获利佳的股票不一定能赚大钱，但能让你避免赔大钱；而买进获利差的股票，短期可能因为筹码被锁定，导致股价狂飙，但是缺乏本质的上涨，终究抵抗不了地心引力，最后可能落得血本无归的下场。当然，投资的目的不只是避免赔钱，还要能够赚钱，因此想了解涨跌背后的本质，务必对财务报表做深入的分析。

深入分析财报？听起来就很难呀。是不是得上过专业的财务课程才能学会？其实，作为投资股票的财报分析，一点也不难，只有四个步骤而已。本书的前四部分，正是按照这四个步骤，教你如何用最简单又关键的方法，掌握公司的财务状况。接下来再进一步搭配产业分析，了解公司所在产业的竞争力。当你清楚知道公司究竟值不值得效力和投资时，当然也能大幅提升投资报酬率，不再需要四处询问了。

以下是本书阅读重点：

重点1　财报分析，观察企业表现的最佳指标

财报分析可以分成“获利性分析”“安全性分析”“价值评估”“成长性分析”四大步骤，每个步骤我们都花一整篇介绍，让你彻底地了解，并学会如何运用：

1. 获利性分析——公司是否稳定赚钱？（详见本书PART 1）

股价的长期走势，正是与企业获利高度相关，所以我们当然只投资能稳定赚钱的公司。本篇介绍了重要的获利指标，包括毛利率、营业利润率、净利率、股东权益报酬率（ROE），必须达到什么条件才算好公司。

2. 安全性分析——公司体制是否健全？（详见本书PART 2）

确认企业财务的安全，重要性不亚于获利！看似惊人的获利，是否只是公司不断烧钱所创造出的幻象，稍纵即逝？在第2篇介绍的安全指标，可以协助你避开这种地雷公司。

3. 价值评估——公司股价是否便宜？（详见本书PART 3）

当公司获利好、财务又安全，就可列入观察名单了！接下来就进入重头戏——公司的股价到底值多少钱？再好的股票，

如果买贵的话，还是会被套住的！透过本益比（市盈率）、股利折现率等评价指标，可以协助你判断公司股票的合理价位。

4. 成长性分析——公司是否具备短期成长动能？（详见本书 PART 4）

公司获利好、财务安全性佳、股价又便宜，就可以考虑买进了。若此时公司营业收入又刚好具备短期成长动能，那就真的再好不过了。长短期营业收入年增长率是判断公司营业收入成长动能的最佳利器。

重点 2　行业分析，了解财报背后的成因

财报分析四步骤学完后，就足以成为基本面分析的高手了，应用在投资上，绩效一定可以大幅提升。然而，高手也难免马失前蹄，若想成为一代宗师，必须要再确认财报数字背后的成因，也就是透过行业分析（详见本书 PART 5），增加财报分析的可信度，准确评估公司是否具备投资价值，这部分也是本书的独门特色。

如果财报分析四步骤能让我们射中靶面，那么加上行业分析的确认（见图 3）后，就可以让我们射中靶心！

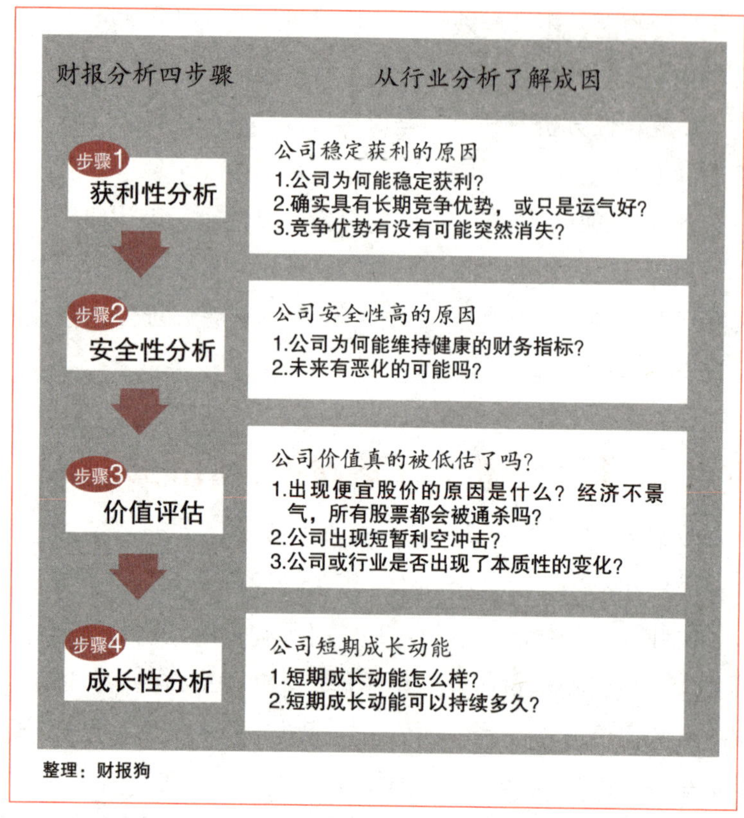

图 3　通过行业分析增加财报分析的可信度

重点 3　个股实战教学，投资操作流程一次通

这部分是全书精华所在（详见本书 PART 6），我们将财报分析与行业分析最重要的部分抽出，整理成操作流程，读者只要照本篇步骤做，马上能建立起自己的投资流程。此外，包括投资流程中会使用到的财报选股、分析工具，也会一并提供给你。

最后一步，当然就是实战演练。根据我们的研究，特别为大家介绍适合长期投资的行业与代表个股，以及具有利基特色的公司，并按照本书分享的分析流程，一步步实际分析给你看，帮助大家学会分析的“眉角”。

提醒大家，财报分析、行业分析要搞懂不难，但想要精通，却需要时间。若你在分析过程中碰到了困难，或对书中内容有疑问，欢迎上财报狗网站和我们讨论。

目录

获利性分析：企业赚不赚钱三大数字现原形

1-1 利润比率 高营业收入不代表赚得多

老王是阿财夜市的鸡排摊老板，生意还算不错，可供一家人糊口。然而好景不长，邻居阿豪也在阿财夜市卖起了鸡排，售价更便宜。老王很担心，但是观察了几个月，发现自己的生意并没有受到太大影响，甚至比阿豪鸡排生意更好，老王也就放心了。

过了几个月后，奇迹发生了，阿豪竟然开了一台全新的跑车来卖鸡排。老王忿忿不平地想着：阿豪一定是做了什么不法的买卖。又过了几年，更不可思议的事发生了，阿豪竟然全家搬到豪宅去了。老王眉头一皱，觉得原因不单纯。究竟，阿豪鸡排隐藏着什么惊人的秘密呢？

不管是开店做生意，或是经营一家公司，收入越多，难道就代表赚到的钱越多吗？报纸总是充斥着“某某公司营收又创新高”等令人振奋的新闻，但股价却不一定跟着涨。我们来看个例子：

触控面板厂胜华（2384）在2011年以低价抢下触控面板龙头厂F–TPK（3673）的苹果（Apple）订单，并于2011年第4季度创下营收历史新高，报纸也以劲爆的标题报道。然而财报公布后，专家们眼镜没有跌破，反而是下巴掉了下来。这一季度，胜华亏损22亿元，创下历史最差纪录，股价也跟着一路破底。

为什么胜华的营收创新高，亏损也跟着创新高呢？答案是胜华产品的利润太低，做一个赔一个，当然陷入严重亏损。

利润才是做生意赚不赚钱的关键。要衡量利润，我们会用利润比率，也就是毛利率、营业利润率、净利率这3个财务指标：

◎毛利率 → 可看出公司产品本身的竞争力

◎营业利润率 → 显示公司本业的经营状况

◎净利率 → 呈现公司最终的获利情形

毛利率　了解公司产品竞争力

如果1份鸡排卖50元，每个月卖出1 000份，鸡排摊的营收是5万元。扣掉制作鸡排的相关成本2万元，那么这个鸡排摊1个月的毛利就是3万元。

简单来说，毛利就是营业收入（以下简称“营收”）减去营业成本后的金额。而毛利占公司营收的比重就是毛利率（详见图1–1–1）。

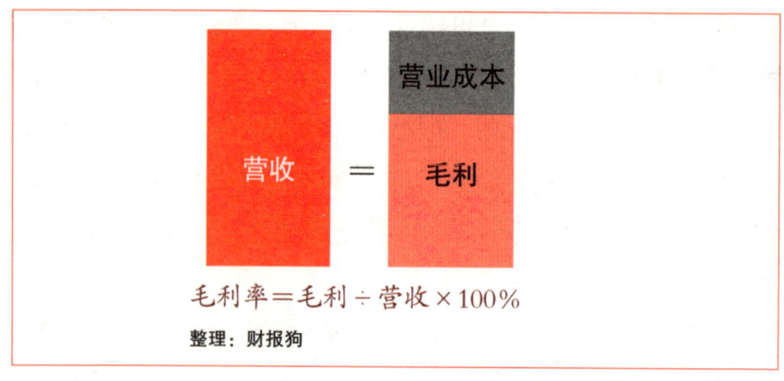

图 1–1–1　毛利为营收减去营业成本

其中，营业成本是与产品直接相关的支出，比如原料成本、设备折旧成本、工厂员工薪资成本等。对一家鸡排摊而言，营业成本则包括了鸡肉成本、煤气费、油费、鸡排摊设备折旧费、炸鸡排员工薪水等。

制造业有高毛利，代表产品愈有竞争优势

一般而言，制造业的成本占营收比重都很高，所以毛利率都偏低，尤其是电子组装厂。如鸿海（2317）、纬创（3231）、英业达（2356）等更是普遍低于 10%，甚至有“毛三到四”与“毛利小五郎”等戏谑称号。

另一个极端就是软件公司，如游戏研发公司网龙（3083）、宇峻（3546）、传奇（4994）等，毛利率都超过 80%，主因是游戏公司的花费都在研发费用上，营业成本占营收比重都不高。

毛利率是评估制造业产品竞争力的一个重要数值，谁有较高的毛利率，就代表谁拥有产品竞争优势。以苹果镜头供应商

大立光（3008）、玉晶光（3406）为例，大立光的毛利率一直以来都高于玉晶光（详见图 1-1-2），主因是大立光制造镜头的合格率高、速度快、自动化程度高等，因此持续在苹果镜头供应链领先群雄。

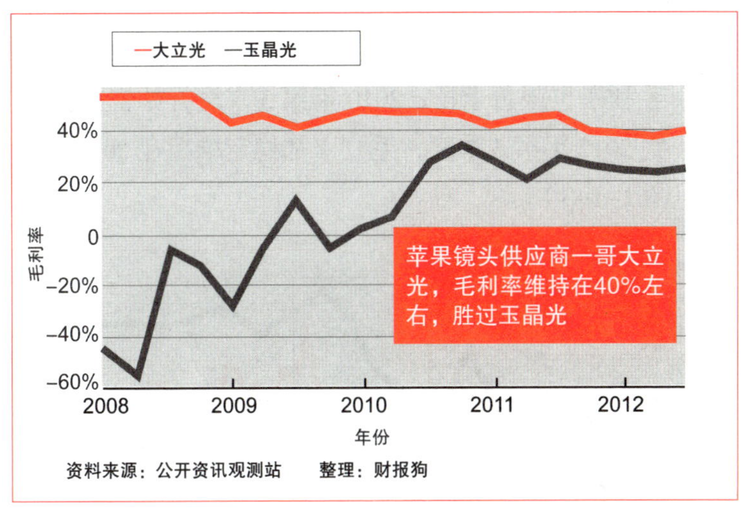

图 1-1-2　大立光毛利率一直都胜过玉晶光——大立光（3008）、玉晶光（3406）毛利率

降低成本提高毛利率，最好能具持续性

既然毛利率如此重要，一家公司要如何维持甚至提高毛利率呢？以中国台湾地区最大宗的电子产业来说，产品售价每季都在调降，要通过提高产品价格来提升毛利率，根本是不可能的事。唯有尽可能降低成本，才能维持或提升毛利率。降低成本的方法很多，但必须具有持续性，才值得肯定。可从以下两种角度观察：

1. 改善产品制作流程造成毛利率提升，竞争力与股价双升

要降低成本，最有效且具持续性的方法，就是不断改善产品的制作流程。例如玉晶光，在 2008 年打入苹果供应链，但初期制造镜头的合格率较低，几乎是做一个丢一个，单季毛利率最惨时低于 –50%。

不过，玉晶光逐渐掌握了制作流程诀窍，镜头合格率大幅提升，毛利率也跟着上扬，2010 年第 3 季度开始提升到 20% 以上，到 2012 年第 3 季度，毛利率都稳定维持在 20% ~ 30%（详见图 1–1–3）。

图 1–1–3　改善产品合格率　毛利率提高拉升股价——玉晶光（3406）毛利率、股价月线图

而玉晶光股价也从 2008 年年初的 49 元，上涨至 2011 年年初的最高点 411 元，涨幅达 7 倍。中途曾回调到 134.5 元，

但从 2012 年到 2013 年第 1 季度，股价都守在 180 元之上。

2. 原物料价格波动造成毛利率提升，不代表产品竞争力提高

另一种常见的毛利率提升原因，主要来自原物料价格的波动，多发生在原物料相关类股，如水泥、钢铁、塑化、面板、LED 等。原物料类股毛利率的波动性通常很大，与公司的制造技术无关，而是与该产业的原料与产品报价有密切关系。

以中国台湾地区面板双虎之一——友达（2409）为例，毛利率与面板报价关系紧密，由于面板产业供需变化剧烈，导致面板报价跳动频繁，友达的毛利率也巨幅波动。所以，若你看到原物料类股毛利率提升而买进，很可能面临套牢的命运（见图 1-1-4）。

图 1-1-4　原物料波动造成毛利率提高　仅能短暂反映股价——友达（2409）毛利率、股价月线图

营业利润率　了解公司本业获利状况

鸡排摊 1 个月营收 5 万元，毛利 3 万元，毛利部分如果再扣掉发广告传单的工读生薪水 1 万元，剩下的 2 万元就是营业利润（不考虑其他因素）。

营收扣除营业成本之后是毛利，毛利再扣除期间费用之后就是营业利润，可解读为公司本业的获利金额。营业利润占营收的比重，则称为“营业利润率”（简称营润率，详见图1–1–5）。

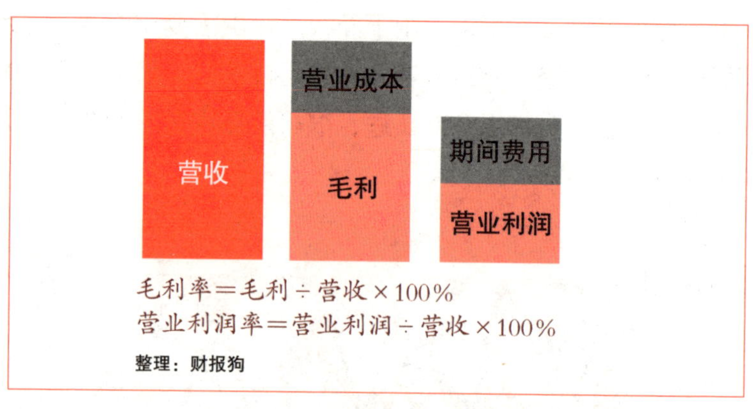

图 1–1–5　营业利润为毛利减去期间费用

期间费用不能计入特定核算对象的成本，应计入当期损益，比如鸡排摊的例子，发广告传单的工读生薪水就算是其中一种。

评估脑力密集产业获利质量，先从营业利润率下手

对于传统制造业、原物料产业而言，营业成本是主要支出，因此毛利率是重要的观察指标。但是，对技术密集型产

业，例如软件公司、IC 设计、生技药厂等，主要支出为研发、销售等费用，所以在观察这些公司时，要特别注意营业利润率的走势，确定公司的费用没有失控。

例如，联咏（3034）是全球驱动 IC 设计的龙头，营业利润率在 2007 年以前稳定维持在 20% 左右。但从 2008 年起受员工分红费用化影响，费用急速增加，毛利率虽维持在 25% ~ 30% 之间，营业利润率却陡降，股价跟着下跌。从 2009 年第 3 季度起，费用开始稳定下来，营业利润率维持在 15% 左右，股价也不再出现大幅变化了（详见图 1–1–6）。

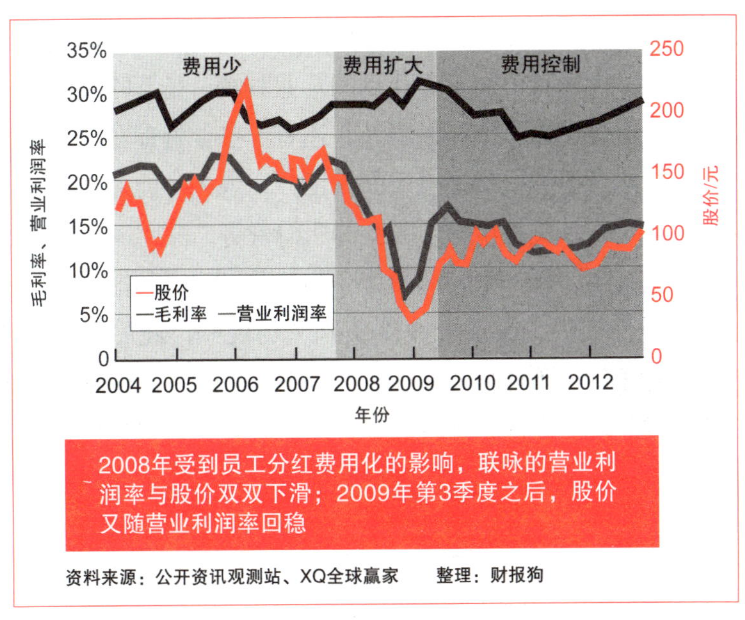

图 1–1–6 技术密集产业 营业利润率与股价连动高——联咏（3034）毛利率、营业利润率、股价月线图

有些不肖公司，为了向法人夸耀其产品的竞争力，在编制财务报表时，会将部分的成本项目移到费用，让毛利率看起来增加不少；但是，公司的获利能力并没有任何改变。所以，我们在判断公司本业获利状况时，最好仍以公司的营业利润率为依归。如果发现一家公司的毛利率不断上升，营业利润率却悄悄下滑时，千万不要贸然买进！

净利率　了解公司最终获利状况

鸡排摊 1 个月的营收 5 万元，营业利润 2 万元，如果再扣掉老板投资面粉工厂赔掉的 5 000 元，剩下的 15 000 元就是“净利”。代表着公司本业获利的营业利润，是营收减去成本与费用，但公司除了本业经营外，还有一些业外损益与税额。例如鸡排摊老板把钱拿去投资面粉工厂，或大企业会再转投资其他子公司，以及每年必须缴交的所得税等。

所以，要计算一家公司最终净赚的获利，必须把营业利润再扣掉业外损失（或加上业外获利）与税额，最后算出来的结果就是净利了（详见图 1–1–7）。净利占营收的比重，称为“净利率”，这个数值越高就代表公司获利能力越强！

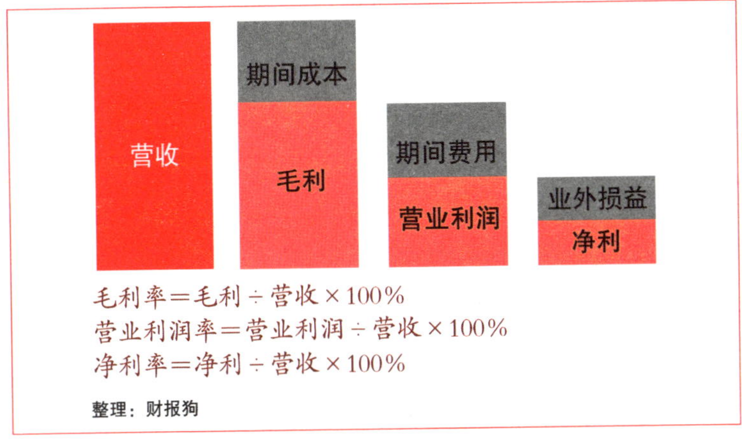

图 1-1-7　净利为营业利润 ± 业外损益

业外损益带来的净利飙升，需判断是否昙花一现

业外损益的项目众多，但只要把握一个重点——这个项目到底是偏向一次性的，还是长期性的。

一般的业外损益，都是属于一次性的，比如汇兑损益、短期投资损益、处置资产损益、保险理赔金等。长期性的业外损益项目并不多，主要是“采权益法[①]之投资损益”这项，它与被投资公司的获利有关。由于一般公司的获利短期内变动性不会太大，故能为拥有股份者带来较稳定的获利。

在判断公司获利状况时，切勿把公司一次性的获利当成是常态性获利。计算机周边零组件厂铭异（3060）2012 年第 2 季度获利爆发性成长，净利 7.8 亿元创历史新高，很多“老师”都向观众推荐这只股票，认为该公司可以持续赚大钱。

① 为台湾地区说法，大陆一般说法为“会计确认”。

但观察利润比率可发现，当时的净利率大幅高于营业利润率，代表公司的获利几乎全来自业外收益（详见图 1–1–8）。这时候，需要进一步确认业外收益的本质是什么。查询财报附注可发现，原来 2011 年 10 月，铭异的泰国子公司受到洪水灾害，设备损失了约 6 亿元，而 2012 年第 2 季度确认了约 7.102 1 亿元的保险赔偿金。

图 1–1–8　净利因一次性业外获利而提升非常态——铭异（3060）营业利润率、净利率

由于洪水灾害是一次性的突发意外，当然不能把这笔赔偿金当成常态来看待，所以也就不能期待公司每季度都可以赚这么多钱。

长期投资标的，净利率不宜低于 10%

最后提醒大家，净利率是公司最终的获利状况，最好不要低于 10%。低于 10% 不但代表公司的获利能力差，也代表获利变动风险很大，可能一不留神就陷入亏损了，股价也容易跟着崩跌，投资人务必谨慎。

利润比率是衡量公司获利能力的重要指标，下次看到新闻提到“某某公司营收又创新高”时，千万不要急着买进，一定要先去检视公司的利润比率是否同样表现出色！

为了解开阿豪鸡排大赚钱之谜，老王扮起“柯南”，四处探访阿豪鸡排的友人与供货商，终于解开了这个谜题，原来，两家鸡排摊的成本结构完全不同。

老王鸡排每块卖 50 元，但获利只有 5 元；阿豪鸡排每块卖 45 元，但获利却有 20 元，足足是老王的 4 倍（详见图 1-1-9）。

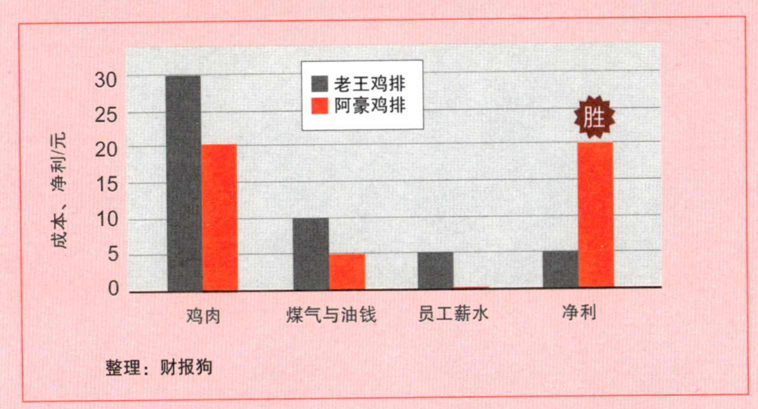

图 1-1-9　阿豪鸡排成本低，获利压倒老王鸡排——老王、阿豪鸡排成本、净利比较

为何阿豪鸡排能有这么高的获利？原来，阿豪的爸爸自家开养鸡场，所以阿豪可用较低的价格买到鸡肉；阿豪的岳父又是色拉油的中间商，所以阿豪也可以拿到比市场价格更便宜的色拉油。还有，阿豪的女儿下课后都来帮忙炸鸡排，所以连员工也不用请了（不过老王已经去检举阿豪鸡排滥用童工了）。尽管营业收入似乎比不上老王鸡排，但因为成本低、获利高，也难怪阿豪一家人可以过着优越的生活。

营业周期 产品卖得快　收钱也要快

小夫是阿财夜市的胡椒饼摊贩，他听说了阿豪的成功传奇故事，内心非常羡慕。小夫学到了一个撇步，要赚大钱，就要想办法提高毛利率。提高毛利率最有效的方法，就是降低成本。

于是，小夫跑去跟合作多年的猪肉店老板商量。

小夫："老板！你卖我的绞肉 1 公斤 300 元，我跟你交往这么久，算便宜一点啦！"

老板："有什么问题，都是自己人呀！只要一次买 600 公斤，我就卖你 1 公斤 200 元。"

小夫心想，每块胡椒饼售价 40 元，杀价之后，成本可降低 5 元，每块胡椒饼的毛利将能从 10 元提高到 15 元，毛利率从 25% 提升至 37.5%。

小夫："那有什么问题！麻烦你明天就把绞肉送到夜市来啰！"这个如意算盘似乎打得挺精，小夫真的能够因此顺利赚更多钱吗?

天下毕竟没有白吃的午餐，想要增加获利，就必须承担风险。经营公司最大的风险有两种："货卖不出去""账收不回来”。货卖不出去，会造成公司的存货跌价损失；账收不回来，公司的获利则会缩水，严重时甚至陷入亏损。

为了深入了解这两种风险，我们先来看看一家公司从生产商品到收回现金的过程。这个赚取利润的过程，称为“商业循环”，一般可分成四个步骤，依序为进货、制造、销货、收款，同时又可归纳为前、后两部分（详见图 1–2–1）：

◎**存货循环：**存货进到公司，经过制造后并销售出去的过程，所花费的时间称为“存货周转天数”。

◎**应收账款循环：**产品销售给顾客直到收回现金款项的过程，所花费的时间称为“应收账款周转天数”（或应收账款收账天数）。

存货周转天数和应收账款周转天数相加，就是所谓的营业周期，代表一家公司从进货制造商品到收取现金所需花费的时间。

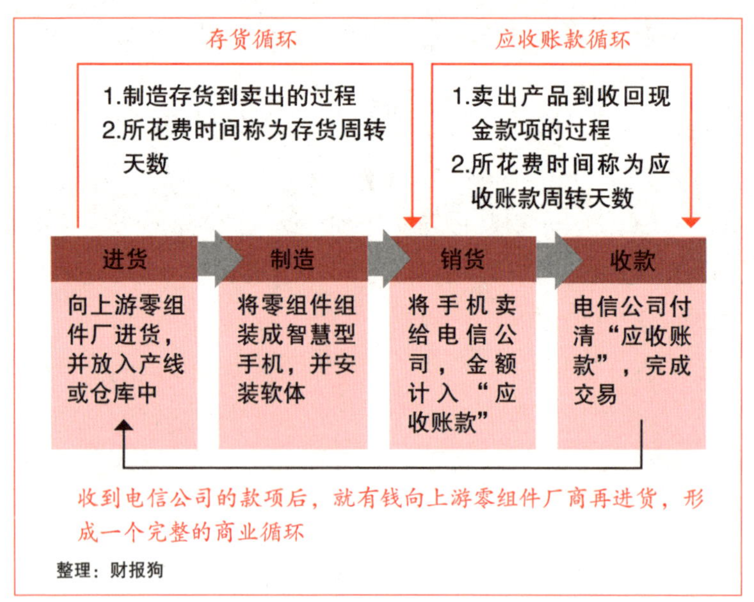

图 1–2–1　从进货到收款的商业循环——以宏达电（2498）为例

存货周转天数　反映公司经营效率

存货周转天数是指公司的平均存货量需要几天才卖得完。天数越高，代表存货待在公司的时间越长，出现存货跌价损失的可能性也就越大。因此，这个数字反映着公司的经营效率。

存货周转天数计算方式：

存货周转率＝营业成本 ÷ 平均存货 ×100% →1 年内可以卖几次平均存货量

存货周转天数＝365 天 ÷ 存货周转率 →需要几天卖完平均存货量

存货周转天数要低于多少才算好？这要视产品的生命周期而定。

产品生命周期越短，存货周转天数也应越短

我们通过比较代工龙头鸿海（2317）与钢铁大厂中钢（2002）的存货周转天数（详见图 1–2–2），可以发现，鸿海[①]的存货周转天数维持在 30 ～ 40 天，已经算是相当不错了。

以电子产业来说，科技日新月异，产品寿命都相当短，因此存货周转天数最好不要超过 2 个月，否则产品可能还没卖出去就过时了。相对于电子业的日新月异，钢铁业可是没什么新花样，存货周转天数在 3 个月左右。

① “鸿海”在大陆的一般叫法为“富士康”。

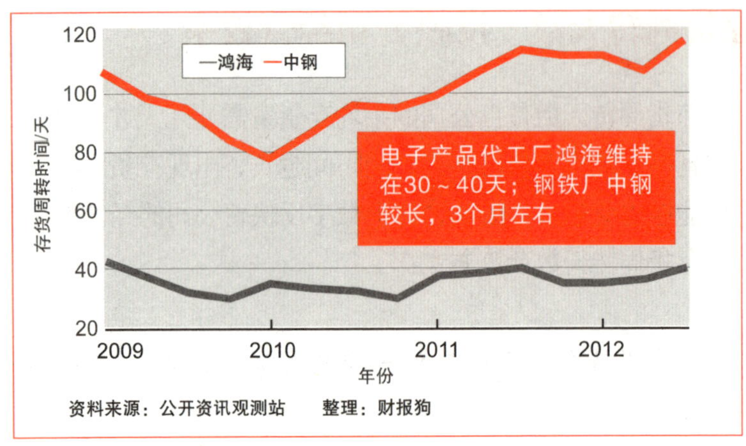

图 1-2-2 钢铁业存货周转天数高于电子业——以鸿海（2317）、中钢（2002）为例

要从存货周转天数比较不同公司的经营效率，必须是相同行业才有意义。以背光模块厂瑞仪（6176）与中光电（5371）为例（详见图 1-2-3），瑞仪的存货周转天数始终低于中光电，代表瑞仪对于存货的控制较好，或可解读为瑞仪的制造与销售时间较短。这两种因素，都代表瑞仪的经营效率优于中光电。

图 1-2-3 同行业比较存货周转天数低代表经营效率较优——以瑞仪（6176）、中光电（5371）为例

搭配营收走势观察，透露产业供需状况

既然存货周转天数代表公司的经营效率，那是不是越低越好？也不尽然。如果存货周转天数太低，代表公司的存货不足，此时一旦遇到客户突然下大单，恐怕只能捶心肝了。

因此，公司的存货周转天数究竟是好是坏，还必须要搭配营收走势来观察，如图 1–2–4 所示。

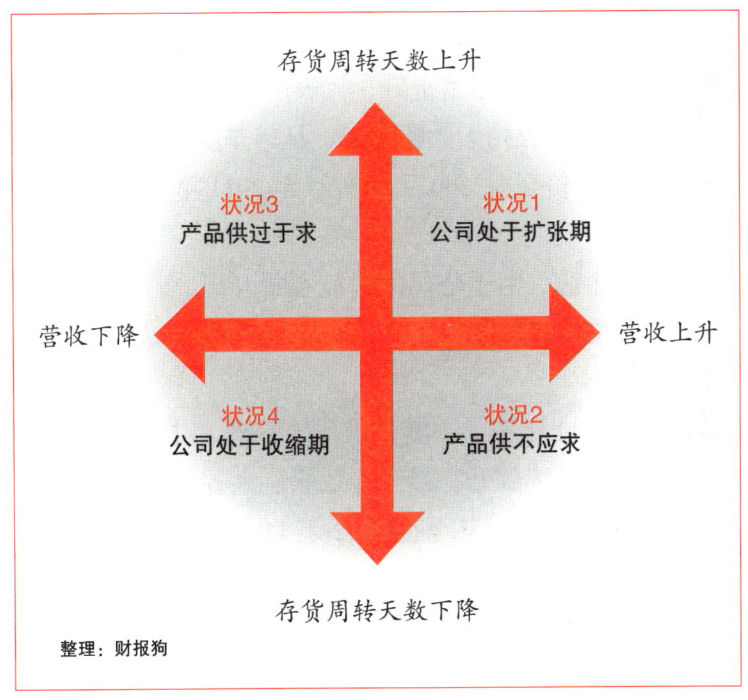

图 1–2–4 从四种营收与存货周转天数组合判断公司的经营情况

状况 1　公司处于扩张期

显示状态：营收上升、存货周转天数跟着上升

注意变化：月营收开始下滑，则为营运衰退的警讯

营收持续成长，代表下游需求旺盛，公司会增加产量来满足庞大的需求。若此时产能未满载，而且制造原料充足，就可以顺利提升存货周转天数以因应需求。由于供给与需求均快速提升，公司营收进入高速成长期，股价易在短期内大涨。

例如，宏达电（2498）从 2010 年第 1 季度起，开始出货 Android 智能型手机给全球各大电信公司，营收开始向上成长，存货周转天数也跟着提升，代表产能无虞（详见图 1–2–5）。接下来，营收持续大幅成长，从单季度 380 亿元成长至 1 360 亿元，股价更从 300 元左右涨至 2011 年 4 月的最高点 1 300 元。

不过要注意，由于公司的产能不断开出，若此时需求反转，不但营收将开始下滑，也可能因备货过多而认列大笔的存货跌价损失。

宏达电 2011 年第 4 季度营收开始下滑，过多的存货导致存货周转天数继续飙升，最终导致获利大幅衰退，股价也从高点的 1 300 元下跌，甚至在 2012 年 11 月达到最低点，失守 200 元，跌幅超过 80%。这类公司的观察重点在月营收，一旦营收成长动能开始下滑，就代表公司的营运风险增加，此时投资人要特别注意。

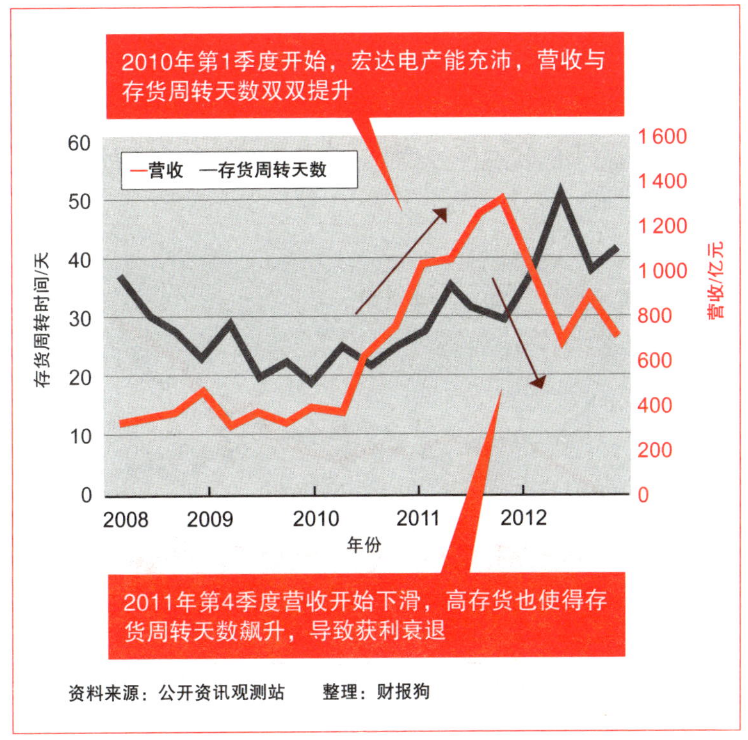

图 1-2-5 营收与存货周转天数双双上扬代表产能充沛——以宏达电（2498）为例

状况 2 产品供不应求

显示状态：营收上升、存货周转天数下降

注意变化：存货周转天数反转向上，营收将有下滑风险

营收持续成长，公司应该增加产量来满足庞大的需求。若产能不足，存货周转天数将持续下降，也就是公司长期处于供不应求的状态，较有可能展开长期多头的走势。例如，受惠于云端运算需求的服务器导轨大厂川湖（2059），从 2009 年起营收不断上升，而存货周转天数则呈长期下滑的走势，就是产品供不应求的表现之一（详见图 1-2-6）。此类公司的观察重点在存货周转天数的变化上，一旦天数开始反转向上，代表这家公司供不应求的状态已经改变，营收就开始有下滑的风险。

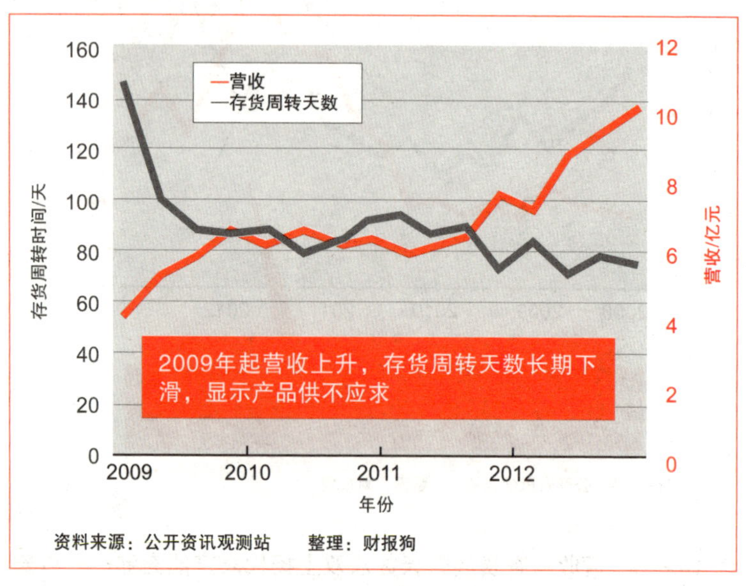

图 1-2-6　营收上升、存货周转天数下降表示供不应求——以川湖（2059）为例

状况 3　产品供过于求

显示状态：营收下降、存货周转天数上升

注意变化：存货周转天数反转向下，营收有机会重回成长

若公司营收持续下降，代表产品需求下降，此时公司会以减产来应对。若此时存货周转天数依然持续上升，产品供过于求的状况异常严重，产品价格也将快速滑落，公司有可能产生

严重的存货跌价损失。

例如，太阳能电池厂茂迪（6244）从 2011 年第 1 季度起营收持续下降，存货周转天数则呈上升趋势，代表太阳能电池严重供过于求（详见图 1–2–7）。存货跌价损失加上电池报价下跌，造成茂迪毛利率大幅滑落，股价也从 2010 年年底的 107.5 元，一路下跌至 2012 年 11 月的最低点 21.35 元，跌幅达 80%。这类公司如果周转天数反转向下，显示客户需求增加，或公司管控存货的能力提高，营收可能有机会重回成长。

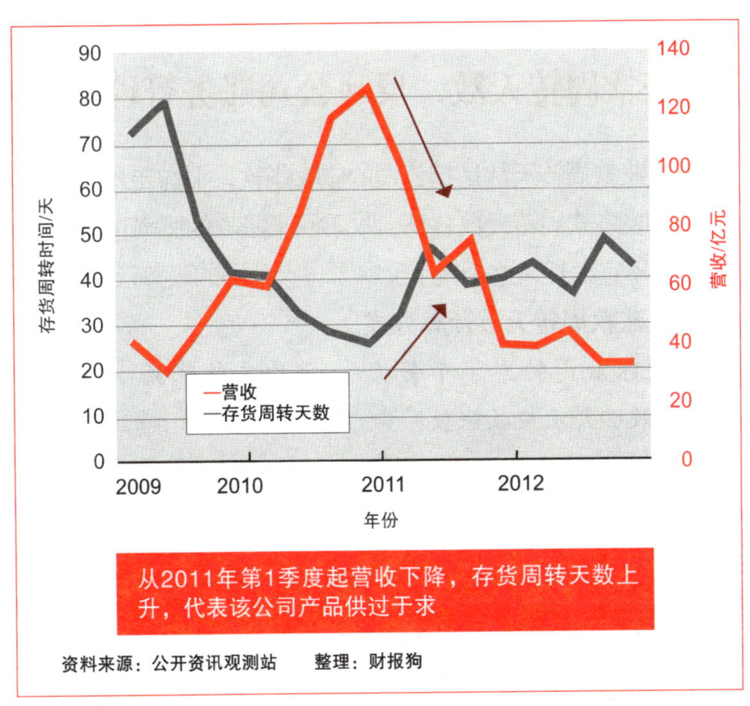

图 1–2–7 产能过剩就会冲击营收——以茂迪（6244）为例

状况 4　公司处于收缩期

显示状态：营收下降、存货周转天数下降

注意变化：存货周转天数反转上升，注意营收可能回升

一般公司业绩下滑时，都会开始调整库存，所以存货周转天数会持续下降，此处不再赘述。

不过还是提醒大家，当公司的存货天数开始反转上升时，可能是公司看到一些机会，或是接到大订单了，营收有可能反转向上，投资人可多多留意。

应收账款周转天数　反映公司账务管理能力

应收账款周转天数是指公司的应收账款，平均要几天才可以收回。应收账款周转天数愈高，收不回来账款的概率也就越大，因此天数不宜太长，这个数字反映了一家公司的账务管理能力。

应收账款周转天数计算方式

应收账款周转率＝年营收 ÷ 平均应收账款 ×100% →1 年内可收回几次应收账款

应收账款周转天数＝365 天 ÷ 应收账款周转率 →平均几天能收回应收账款

公司与客户的相对规模，决定收款速度

存货周转天数一般和公司的生产流程有关，而应收账款周转天数则是和公司与客户相对规模大小有关。如果公司小、客户大，客户有权要求较长的还款天数，如此将拉高公司的应收账款周转天数。

相反地，如果公司大、客户小，公司就有权严格限制客户的还款时间，也能降低公司的应收账款周转天数。例如，PCB软板厂嘉联益（6153），主要客户都是苹果公司（Apple）、鸿海、广达（2382）等品牌或代工“巨兽”，老大哥说要晚点付钱，小老弟当然是眉头都不敢皱一下。由于这种不对称的上下游规模差异，导致PCB产业的应收账款周转天数多半较长。

另一个相反的例子是统一超（2912），身为中国台湾地区最大的连锁超市，客户都是如你我般的普通老百姓。如果去统一超买瓶饮料，然后叫店员30天后向你请款，有可能吗？当然不可能，因此可以清楚知道超市行业的应收账款周转天数多半极短（详见图1-2-8）。

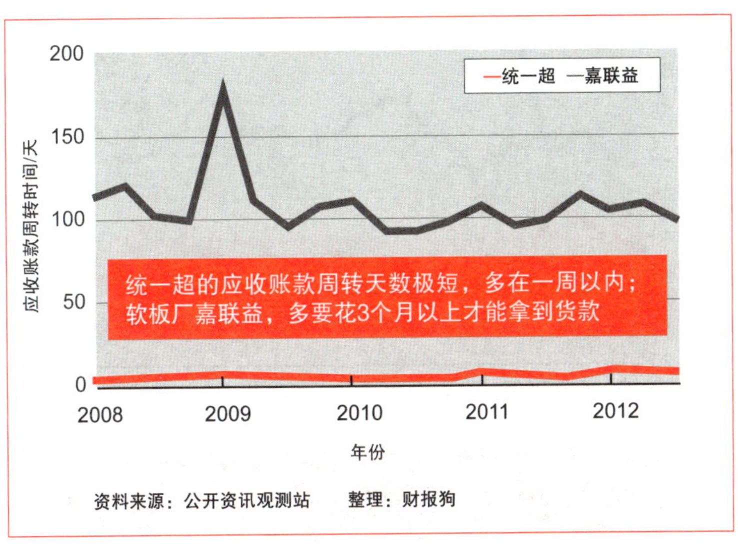

图 1-2-8 客户地位的高低影响应收账款周转天数——以嘉联益（6153）、统一超（2912）为例

同行业比较，可看出企业的行业地位

比较同行业的应收账款天数，可看出公司在行业中的地位。我们知道地位较高的，有能力选择客户，自然可要求较严苛的还款期限；地位较低的，当然就不可要求过多。

以晶圆代工厂为例，台积电（2330）技术领先全球，当然有选择客户的权利，一般都要求客户在 1 个月内还清欠款，面对较小的客户甚至可要求付现。

而 2012 年已落到晶圆代工行业第四位的联电（2303），自然无法对客户要求太多了，应收账款周转天数一般都比台积电多 15 ～ 20 天（详见图 1–2–9）。

图 1–2–9　产业地位高，收钱速度相对较快——以台积电（2330）、联电（2303）为例

应收账款周转天数持续上升，恐为“纸上富贵”

应收账款周转天数可能与公司相对规模与竞争优势有关，但我们在观察应收账款周转天数时，重点还是要看长期走势。若应收账款周转天数长期上升，代表公司的应收账款正急速增加，这些激增的应收账款都拿得回来吗？我们必须打个问号。

例如，电源供应器厂英格尔（8287）的营收与获利，从2010年起大幅提升，主因为最大客户的出货量不断增加。

吊诡的是，随着营收增加，英格尔的应收账款周转天数也不断暴增，从最低点不到30天，暴增至超过90天（详见图1-2-10）。这种情况代表公司的营收多是“纸上富贵”，现金并没有真正进入公司。

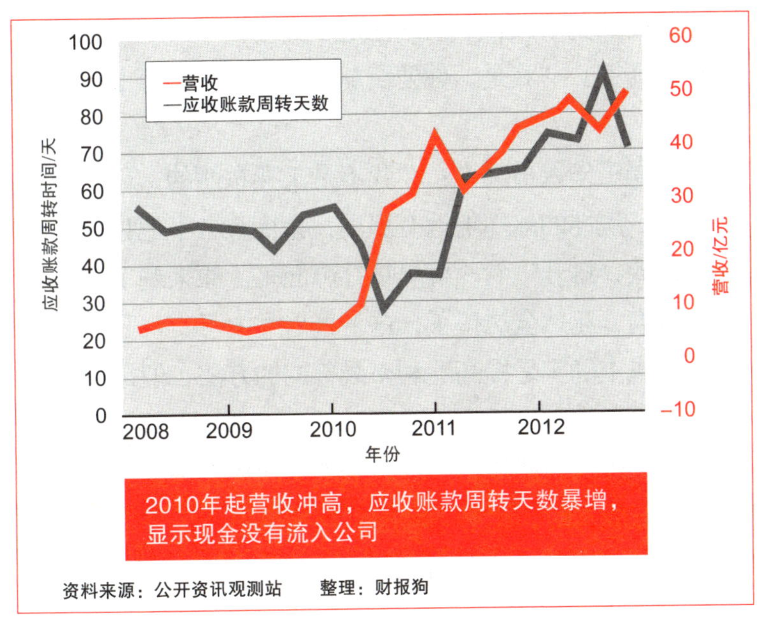

图1-2-10 应收账款周转天数随营收暴增恐为“纸上富贵”——以英格尔（8287）为例

为什么公司确认了营收，但客户却始终不付钱呢？难道就像教科书上的典型案例一样，公司为了炒股冲营收，并找下游客户配合灌水演出？还是客户生意太好，忙着生产而忘记付钱？我们不知道。**身为投资人，不知道就不要碰，这是投资的最高指导原则**。

存货周转天数与应收账款周转天数都是重要指标，不但可看出公司的经营效率，还能衡量公司是否有经营上的风险，投资人可以多加利用。

小夫向老板买了600公斤的便宜绞肉，兴高采烈地开始卖起降低成本后的胡椒饼了。

1个月后……

环保局找到小夫："请问你是小夫吗？"

小夫回答："我是，你要买胡椒饼吗？一次买200个有折扣哦！"

环保局工作人员又说："我不是来买东西的。环保局接到民众抗议，说你的冰库附近有恶臭，去检查一下吧！"小夫匆忙跑去冰库，打开一看，腐臭味扑鼻而来。原来剩下一半还没使用的绞肉，竟然全烂掉了，这下真是亏大了。

压低成本确实是提高毛利率最普遍的方法，但是小夫为了压低成本，向绞肉老板大量进货，把存货周转天数拉长到2个月，却忘了绞肉只能放1个月，结果反而损失惨重。所以，在想办法降低成本时，也必须考虑到存货风险。

1–3 股东权益报酬率 巴菲特最重视的获利指标

刚从学校毕业的丁丁，对创业当老板充满了憧憬，决定到阿财夜市卖橙子汁。在学生时期，丁丁靠打工存到了 8 万元。于是他用这 8 万元，买了两台榨果汁机和两箱橙子，马上开始了他的夜市创业人生。

丁丁的橙子汁 1 杯卖 30 元，成本 15 元，卖 1 杯可以赚 15 元。1 天可以卖 40 杯，所以 1 天能赚 600 元（每杯获利 15 元 ×40 杯）。勤劳的丁丁每天都到夜市做生意，所以每个月可以净赚 18 000 元（每天获利 600 元 ×30 天）。

丁丁有一个暗恋的对象拉拉，漂亮又有才华的拉拉出身在台北的家庭，他觉得自己现在的收入配不上她，迟迟不敢展开追求行动。眼看时间一天天过去了，追求拉拉的人越来越多，丁丁的恐惧感也一天天加深。

直到有一天，丁丁在收摊时，在地上捡到了一本看似武功秘籍的书，封面写着几个大字“杜邦分析——赚更多钱的秘密”……

股神巴菲特（Warren Buffett）曾说过，为了成功地提升企业经营绩效，应该设法获得较高的股东权益报酬率（ROE，Return on Equity）。他在挑选投资的公司时，还设定了ROE必须达到15%的条件。

4种ROE形态，显示公司以自有资金赚钱的能力

我们来看看股神如此重视的ROE，到底是什么了不起的指标？简单来说，股东拿钱出来投资一家公司，这笔钱称为股东权益；而公司运用这笔钱来经营事业，1年所能赚到的净利，就是股东能得到的报酬。

因此，净利除以股东权益，就称为股东权益报酬率，也可以说是公司利用自有资金赚钱的能力。假设公司的股东权益是100万元，1年的净利是15万元，那么ROE就是15%。ROE越高，当然表示赚钱的本事越大。有办法提升ROE的公司，也代表赚钱能力提高了。

股东权益就是公司的自有资金

要进一步了解什么是股东权益（所有者权益），可以来看看企业三大财务报表之一的“资产负债表”。资产负债表分为左右两半：

1. 左半部分为资产：描述公司拥有哪些有形与无形的资源，例如现金、存货、土地、工厂、生产机器等。

2. 右半部分为负债与股东权益：描述公司的资金来源。上方的负债表是指公司对外的借款，例如向银行的借贷、跟上游厂

商的短期赊账等；下方的股东权益表则是公司股东的自有资金。

资产		负债
企业所控制的一切资源 现金、股票、存货、土地、设备、专利、商誉……	← 购买	外部资金（企业对外借款） 银行长短期借款、供应商欠款、公司债务……
		股东权益（净值） 自有资金（股东自己的钱） 普通股、特别股、保留盈余……

企业要获利，必须拥有很多资产，以金属机壳供货商可成（2474）为例，可成必须拥有土地、厂房、CNC计算机车床等各式设备，各类金属原料，生产技术专利等，才能制造出一台台的苹果超薄Macbook Air计算机机壳。这些资产都需要大量资金，公司如果全部靠自有资金（股东权益）来购买资产，对于公司而言，扩张速度太慢，很可能被竞争对手超越。所以，若想要做更大的生意，就必须向外举债支撑资产。也就是说，公司的资产，是由“负债+股东权益”所组成的。

观察ROE高低与走势，可以看出公司所处的产业特性，进而帮助我们判断投资的方向。不过，要观察多长时间呢？当然是越长越好，最好超过两个经济周期，也就是要看6~8年的ROE变化。ROE的走势，主要可以分成以下4种。

1. 平稳型：受经济景气状况波动影响小，多为民生必需产业

此类公司的获利与宏观经济状态没有太大关系。经济情况

再怎么差，日子还是要过，大家都还是得填饱肚子、看电视、打电话、用煤气。

因此，这种不管经济状况好坏，生意照常不受影响的民生必需产业，例如电信业、超市、食品、资源回收等，获利波动不大，而且容易估计，很适合作为长期投资的标的。

例如，第二大的保全（保险）公司新光保全（9925），8 年来 ROE 都维持在 11% ~ 16% 的区间，走势非常稳定（详见图 1–3–1）。投资人如果从 2003 年年初持有新光保全股票到 2012 年年底，计入配股配息之后的累积报酬率可达 343.8%，换算成年化报酬率则有 16%。

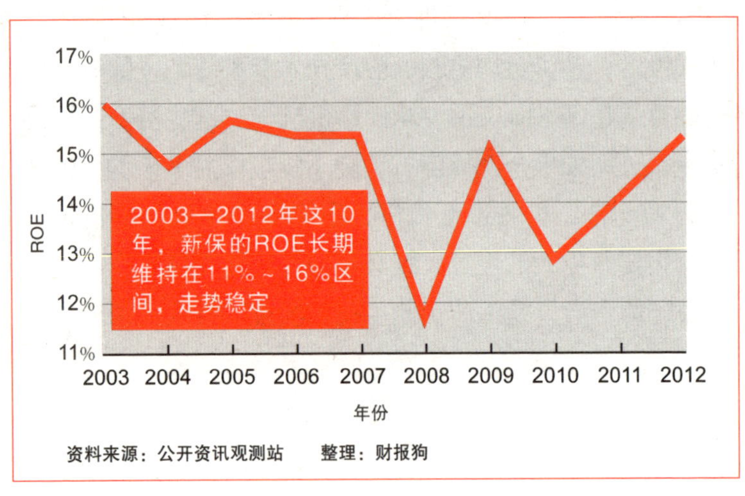

图 1–3–1　无论经济状况好坏都赚钱，ROE 保持平稳——以新光保全（9925）为例

2. 大幅波动型：受宏观经济影响大，多为景气循环股

ROE 会大幅波动的公司，多半是与宏观经济有高度联动性的景气循环股。当经济景气的时候，可能会创造出惊人的获

利；一旦经济变得不景气，公司的获利也会跟着大幅缩水，甚至出现亏损的状况。景气循环股的获利和股价波动，通常都相当剧烈，想要长期投资的人，还是少碰这类股票为妙。

以苯乙烯制造商——台苯（1310）为例，我们先来了解这家公司的主要产品“苯乙烯”，这是制作五大泛用塑料 PS（聚苯乙烯）、ABS 树脂的原料，终端用途相当广，涵盖家电、3C 产品、家具、汽车零组件等，如冰箱、洗衣机、打印机壳、安全帽、汽车水箱罩等。

这些产品多半与全球景气指数联系紧密，像是近年的金融海啸、欧债危机、美国失业率等问题，使得客户需求降低，再加上原料涨价，使得台苯在 2008 年和 2011 年、2012 年都呈现亏损；但 2012 年以来经济缓步复苏，客户需求又开始出现回温。也因此，台苯的 ROE 波动相当大，经济情况好的时候 ROE 超过 10%，经济情况差的时候甚至低于 –15%（详见图 1–3–2），股价自然也相应跟着剧烈波动。

买进这类型的股票，如果心脏不够强大，晚上大概也睡不安稳。假设从 2002 年买进台苯股票，放到 2012 年年底，即使算进配股配息，成绩仍是 –34.8% 的负报酬。

3. 趋势向下型：末日产业或竞争力衰退的企业

ROE 趋势长期向下有两种常见情况：第一种是产业问题，也就是公司是处于末日产业，如光驱、传统相机等。另一种则是更常见的情况，在一个产业中，这家公司的竞争力出现衰退。

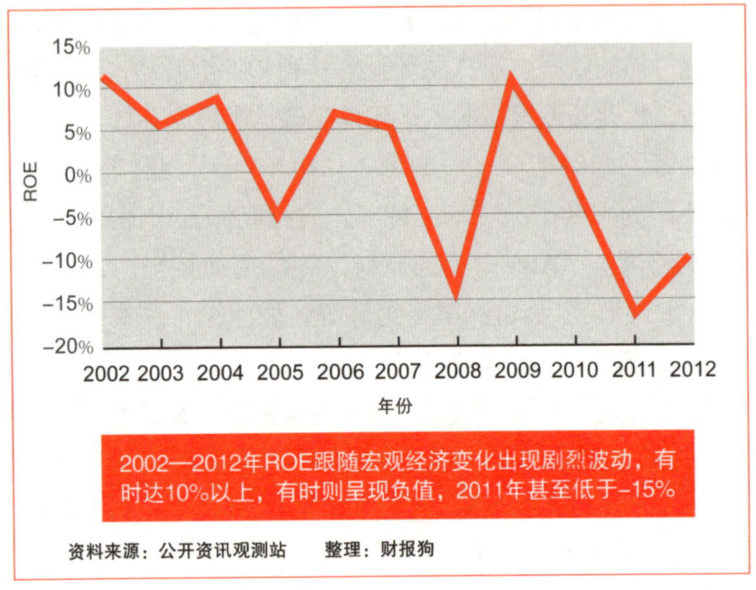

图 1-3-2 景气循环股 ROE 波动相对剧烈——以台苯（1310）为例

类比 IC 厂模拟科（3438）就是很典型的例子。2004 年模拟科切入面板模拟 IC 供应链，当时中国台湾地区模拟 IC 龙头立锜（6286）、致新（8081）都专注在 PC（个人计算机）、NB（笔记本电脑）的供应链上，因此模拟科在面板模拟 IC 享有极高的市场占有率。

然而好景不长，2006 年后立锜与致新的面板模拟 IC，纷纷打入面板供应链，模拟科的市场占有率也快速萎缩，导致 ROE 快速下滑（详见图 1-3-3）。

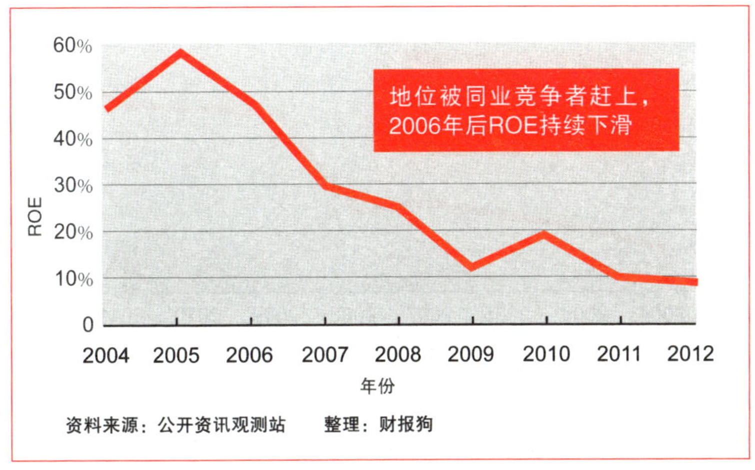

图 1-3-3 ROE 长期往下走，恐为竞争力下滑——以模拟科（3438）为例

类比科在 2006 年 7 月上市，如果有投资人当时买入这只股票，并持有至 2012 年年底，计入配股配息后的累积报酬率为 -73%，几乎是腰斩再腰斩。

4. 趋势向上型：火红产业或具有竞争实力的公司

ROE 趋势向上，代表这家公司所属的产业如日中天，或是公司在产业内具有竞争优势。例如从 2012 年年初到 2013 年 3 月，股价涨了 1.7 倍的生技热门股葡萄王（1707），刚好两者兼具。保健食品具有长线发展趋势，未来 3 ~ 5 年产业可以维持 10% 以上的成长，而葡萄王又拥有品牌、规模等竞争优势，因此 ROE 呈现长期向上的走势（详见图 1-3-4）。

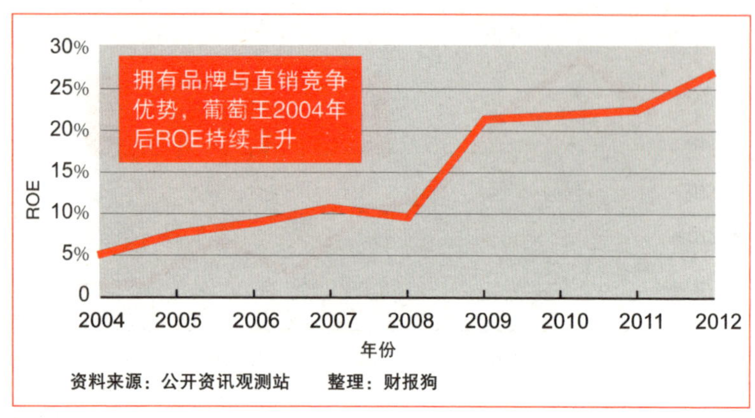

图 1-3-4　拥有竞争优势，ROE 长期趋势向上——以葡萄王（1707）为例

若从 2004 年持有葡萄王股票至 2012 年年底，计入配股配息后的累积报酬率为 1 213%，年化报酬率为 33%。

巧用杜邦分析，看透公司 ROE 变化玄机

通过 ROE 的走势方向，可以快速判断公司的行业竞争力；但 ROE 的变化，若能搭配杜邦分析，则更能深入企业成与败的秘密，精准掌握投资时机。

杜邦分析法，可将 ROE 拆解成 3 项财务指标：

1. 营业净利率：代表公司的获利能力。

2. 总资产周转率：公司利用资产创造营收的效率。

3. 权益乘数：公司使用的财务杠杆，也就是总资产除以股东权益的倍数。总资产是股东权益（自有资金）加上负债（外

部资金）；当负债越多，权益乘数越大。

这 3 个指标数字的上升，都能够推升 ROE，因此，若我们想知道一家公司 ROE 升高的原因，就能通过杜邦分析，进一步了解这是由哪个原因造成的。同样地，也能帮助我们分析 ROE 下降的真正原因。

杜邦分析法

ROE = 净利 ÷ 股东权益 × 100%
= ①净利 ÷ 营收 × ②营收 ÷ 总资产 × ③总资产 ÷ 股东权益
= ①营业净利率 × ②总资产周转率 × ③权益乘数

净利率推升 ROE，才是名副其实的绩优股

要怎么预判 ROE 好转的公司，是真正的绩优股呢？如果这家公司的 ROE 成长，单纯来自总资产周转率的提升，代表好业绩是来自短期营收的冲刺，甚至可能有削价竞争的行为。

但是，如果 ROE 的成长是来自于营业净利率的提升，则是最理想的情况。这显示公司本业体质可能已经开始改善，由于产品具有竞争力而导致营收大幅增长，公司出现规模优势与学习曲线的快速提升，因此净利率和总资产周转率都能够同步提升，ROE 上升趋势将可能持续较长时间。

纺织大厂儒鸿（1476）的 ROE，从 2009 年起逐年攀升，正是来自营业净利率的持续改善，以及总资产周转率的不断增

长（详见图 1–3–5）。儒鸿的营业净利率与营收同步提升，主要原因是针织布研发有成，承接了不少国际品牌厂商的运动休闲服饰订单，客户包括加拿大知名瑜伽服品牌 Lululemon、著名运动品牌 Nike、著名大众休闲品牌 Gap 等；又因为上下游一贯化的整合优势，不断降低成本。

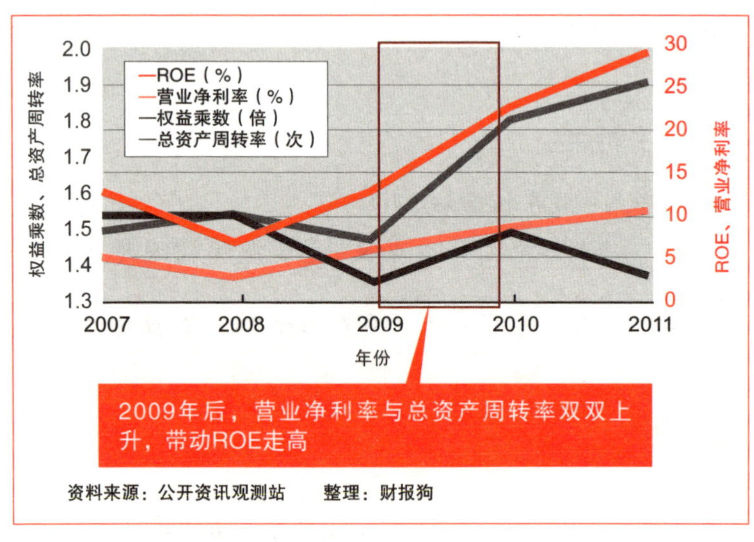

图 1–3–5　基本面转强，营业净利率拉抬 ROE——以儒鸿（1476）ROE、杜邦分析为例

公司获利能力转强，当然也反映在股价上，在金融危机之后，儒鸿从 2009 年不到 10 元时起涨，之后随着基本面改善而不断走高，2013 年起站稳百元大关，4 月甚至创下历史新高价 142.5 元，表现亮眼。

ROE 提高但营业净利率下滑，营收反转时股价恐跌

不过，如果 ROE 提高，但营业净利率下滑，就要当心了。以宏达电（2498）为例，ROE 从 2010 年第 2 季度开始持续上升，利用杜邦分析可以看到，主要原因是总资产周转率与权益乘数双双成长，但营业净利率却是呈缓步下滑的走势（详见图 1-3-6）。

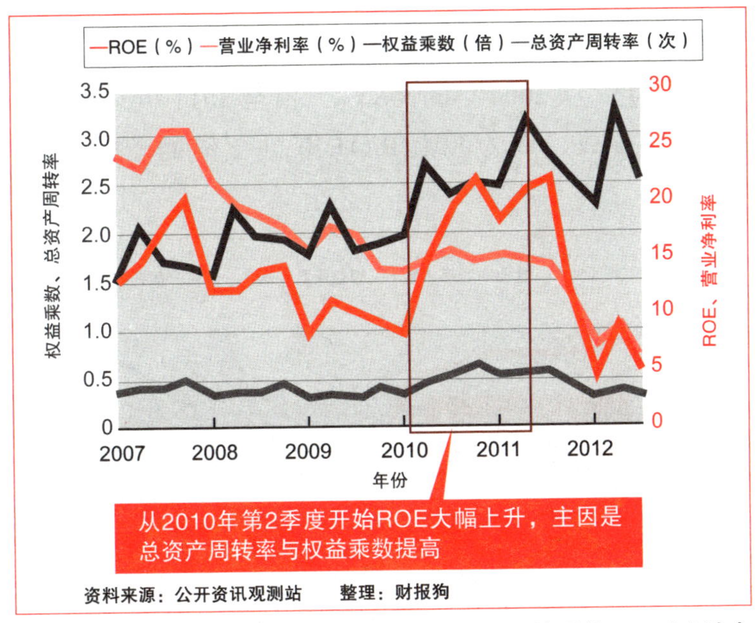

图 1-3-6　ROE 上升但营业净利率下滑，宜审慎看待——以宏达电（2498）ROE 的杜邦分析为例

进一步分析，宏达电资产周转率的提升，主要靠中低价智能型手机冲刺营收，但产品竞争力并未提升；而低价竞争的续航力通常不足，一旦月营收出现反转，股价就可能大幅修正。

像是 2011 年 2 月，宏达电的月营收年增率即开始下滑，股价则在同年 4 月达到 1 300 元的高点，之后便一路走跌。

净利率衰退连累 ROE 下滑，应避免长期投资

ROE 下滑的公司，如果是因为营业净利率降低，则并不适合作为长期投资的标的。电子代工龙头鸿海（2317），ROE 呈现长期往下的走势，为什么？

经由杜邦分析可发现，鸿海的总资产周转率稳定维持在 2.2 次左右，权益乘数更是 2009 年后大幅走高；但营业净利率却明显衰退，从 2004 年的 5.62% 下滑至 2011 年的 2.37%，跌幅超过 5 成，成为鸿海 ROE 长期下滑的元凶（详见图 1–3–7）。

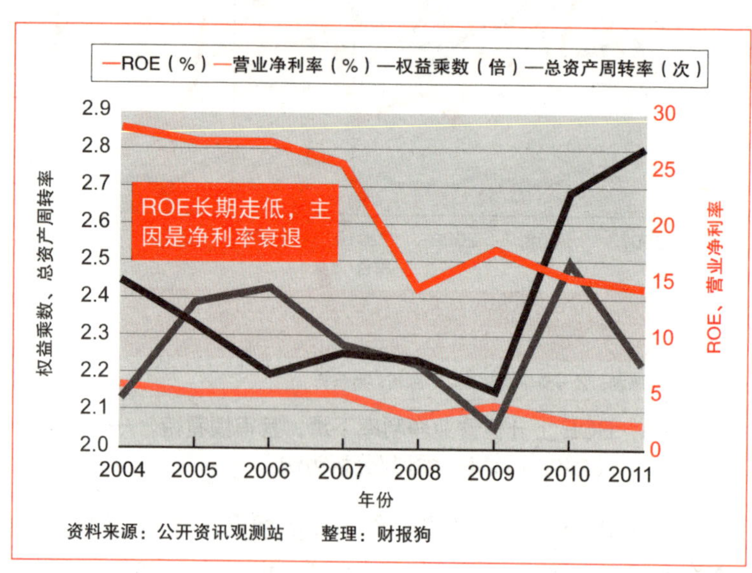

图 1–3–7　获利空间减少，营业净利率拖累 ROE——以鸿海（2317）ROE 的杜邦分析为例

为什么鸿海的营业净利率会不断下滑呢？原来是因为产品生产地大陆的工资不断上涨，以及物价持续上升，垫高了鸿海的生产成本；加上电子产品跌价速度快，导致鸿海的毛利率持续探底。由此判断，鸿海的ROE要止跌回升，营业净利率绝对是关键。但上述的工资调涨、物价上涨、电子产品快速跌价等趋势，短期内并无改变趋势，所以鸿海的ROE要有起色恐怕是难上加难。

经营者资金操作转趋保守，亦会拉低ROE

再看其他的状况。西柏（3541）是做利基型电子产品影音处理器的厂商，观察2006年到2011年的ROE，多半维持在20%以上的水平，发生金融危机后的2009年还能维持在15%。

但是，ROE毕竟是呈现下降趋势，经由杜邦分析可发现，总资产周转率与营业净利率走势都为震荡持平，权益乘数则是一路下滑，从2006年的2.11倍，降到了2011年的1.44倍（详见图1–3–8）。

在资金操作方面降低负债，代表老板的经营心态趋向保守，所以这家公司的ROE若要重回上升轨道，经营者的心态是关键。

获利指标千百种，ROE绝对是最重要的一种。投资人在研究一家新公司时，记得先看公司的长期ROE走势。走势平稳当然最好，若发现出现转折，再用杜邦分析了解转折原因，说不定就能发现一个不错的投资机会！

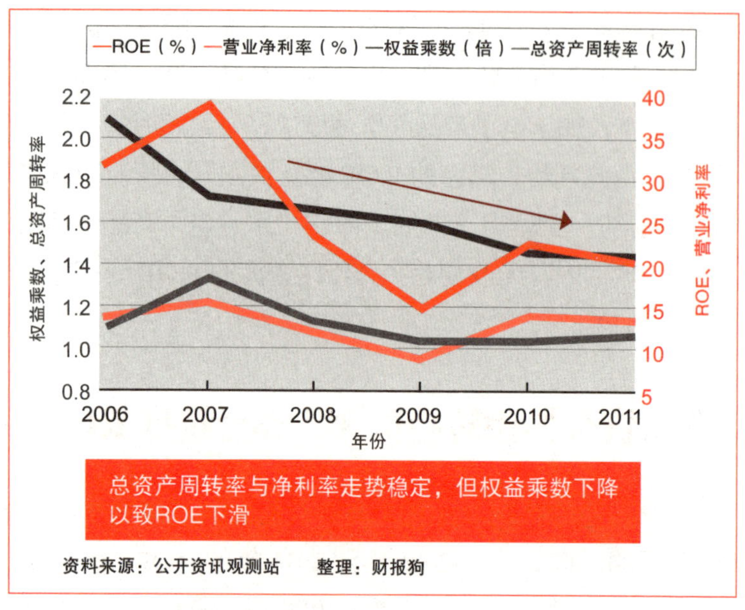

图 1-3-8　降低负债导致 ROE 下滑——以西柏（3541）ROE 的杜邦分析为例

丁丁捡到杜邦分析秘籍后仔细研读，了解到要改善 ROE 有三个方法：提升营业净利率、提升总资产周转率、提高权益乘数。于是，丁丁做了以下三件事：

1. 改卖西瓜汁：西瓜汁同样卖 30 元，但成本只要 10 元，营业净利率从 50% 提升至 67%。

2. 搬到人潮多的摊位：丁丁的果汁摊原本在夜市的角落，在移到人潮较多的摊位后，营收增加了 1 倍，使得总资产周转率增加了 1 倍。

3. 和爸爸借 4 万元，再买 1 台果汁机：搬到人潮较多的摊位后，西瓜汁供不应求，于是丁丁向爸爸借了 4 万元再买了 1

台果汁机以满足生意需求，权益乘数因此提升了 50%。

做了这三件事之后，丁丁成功将 ROE 从原本的 22.5% 大幅提升至 90.5%，获利能力大幅提升，超过 3 倍，真不愧是个人才（详见表 1-3-1）。由于获利大幅提升，丁丁终于鼓起勇气追拉拉啰！

表 1-3-1 丁丁果汁摊 ROE 改善成果

	改善前	改善后
营业净利率	50% （每杯净利 15 元 ÷ 营收 30 元）	67% （每杯净利 20 元 ÷ 营收 30 元）
总资产周转率（月）	0.45 次 （每日营收 30 元 ×40 杯 ×30 天 ÷ 总资产 8 万元）	0.9 次 （原总资产周转率 0.45 次 ×2）
权益乘数	1 倍 （★总资产 8 万元 ÷ 股东权益 8 万元）	1.5 倍 （★总资产 12 万元 ÷ 股东权益 8 万元）
ROE	22.5% （净利率 50% × 总资产周转率 0.45 次 × 权益乘数 1 倍）	90.5% （净利率 67%× 总资产周转率 0.9 次 × 权益乘数 1.5 倍）

注：★改善前总资产 8 万元＝股东权益 8 万元＋负债 0 元；改善后总资产 12 万元＝股东权益 8 万元＋负债 4 万元。 整理：财报狗

安全性分析：检查财务健康 挑出真材实料好公司

2-1 分辨负债品质 看出企业真实债务压力

阿财夜市原本有5家香肠摊，每家的生意都差不多。直到上个月，阿胜经营的“胜利大香肠”经过超人气电视节目“池上玩家”的报道后，摊前开始大排长龙，每天都供不应求。老板阿胜见机不可失，两个月内收购了另外两家香肠摊，一时之间成了夜市中规模最大的香肠摊。

阿胜的朋友大毛知道这个消息后，连忙打电话恭喜阿胜。

大毛：“恭喜你，生意做得这么大，真是替你高兴！”

阿胜：“唉……别说了，因为太急着并购，现金几乎都快用光了，还没开始赚钱就要先向银行借钱付利息，实在很烦恼。”

大毛：“原来是现金周转有问题，别担心，我教你一招，让你借钱不用还利息！”

究竟大毛会提供什么妙计呢？

“借钱不用还利息！”听起来有点不可思议，但在真实的商业环境下却是稀松平常的事。

在投资之前，我们会先考虑这家公司的财务结构，许多人往往对负债的公司心存疑虑，认为公司最好不要借钱。负债真的有这么恐怖吗？一定要零负债经营，才算是一家优质企业吗？

我们先回顾前一篇提过的资产负债表（详见 PART 1 第 3 章），公司营运的资金来源有两种：

1. 股东权益：自有资金，如普通股、保留盈余等。

2. 负债：对外借款，如银行借款、供货商赊账等。

经营一家企业，做到零负债经营并非不可能，但负债并非就不好，从经营与资本效率的角度考虑，不负债是不聪明的经营方式。

企业适当举债所基于的两个用途

聪明举债 1　借力使力，赚取更多报酬

公司要投资，就会需要资金，只要债务不至于让财务结构过于恶化，同时投资扩厂带来的获利，远高于借钱利息，那么，借钱反而对股东更有好处。

如果坚持不借钱，使得资金不足而无法投资，虽然省下了借钱的利息成本，却丧失数十倍获利的可能性，甚至因此失去在行业中的竞争力，可就因小失大了。

聪明举债 2　提高营运资金的运用效率

赊账听起来似乎不太光彩，但这在商业运作上，却是稀松平常。企业间的交易金额庞大，数字动辄高达数亿元。如果全部用现金交易，不仅会计部门累死，整个生产流程，也会因为为了等待现金出入账而被耽搁，整体经营效率反而会因此降低。

因此，适当的赊欠账款，在商业营运过程中是必须的。适当的负债能让公司资金运转顺畅，也能为公司带来更多获利。

单以负债比衡量财务结构，容易冤枉好公司

负债是把双刃剑，不当的负债会产生过高的利息成本，沉重的偿债压力甚至会让公司倒闭。那么，我们该如何衡量公司的负债水平是高是低呢？

传统的指标是采用“负债比（资产负债率）”，计算方式为“负债 ÷ 总资产 ×100% ＝负债比”。通常，负债比以 50% 为界线，高于 50% 则为负债偏高。

但在实务上衡量财务结构风险时，负债比会有容易以偏概全的盲点，因为负债的项目中，有些是没有利息压力或是利息极少的好债，这种好债大致有以下两类：

好债 1：向上游供货商进货，晚点再付钱

当公司向供货商买货时，基于金额庞大或做账的考虑，往往会赊欠一段时间再付清。向供货商买货赊欠的钱，在会计

上叫作“应付账款”，记录在资产负债表的“流动负债”中。

当一家公司的规模，比上游供货商还要大时，就越有筹码能和供货商谈条件。付给供货商的款项拖越久，应付账款金额自然能拉越高，资金压力也能减轻。最棒的是，这些拖欠的应付账款并不需要付利息，简直就是供货商提供的免费短期借款。

因此，流动负债中，应付账款金额高，反而显示这家公司对于上游具有不错的议价能力。

例如，超市龙头统一超（2912），在中国台湾地区的产业优势与规模是不用质疑的。细看长年来的负债水平，负债比高于 50%，而且有逐渐攀升的趋势（详见图 2–1–1）。为什么负债一直上升？难道是资金不足、财务结构出现问题？

图 2–1–1 2004—2012 年统一超负债比逾 50%——统一超（2912）负债比

真正的原因是，统一超的负债结构中，属于好债的应付账款占所有负债的三成以上（详见图 2–1–2）。仔细探究原因，是因为统一超规模大、渠道极为密集，向上游供货商进货时相当强势，有能力要求供货商给予较长的赊欠期限，因此在财务报表上，才会出现庞大的应付账款。形成了“对客户快快收现金，对供货商慢慢付款”的资金周转优势。

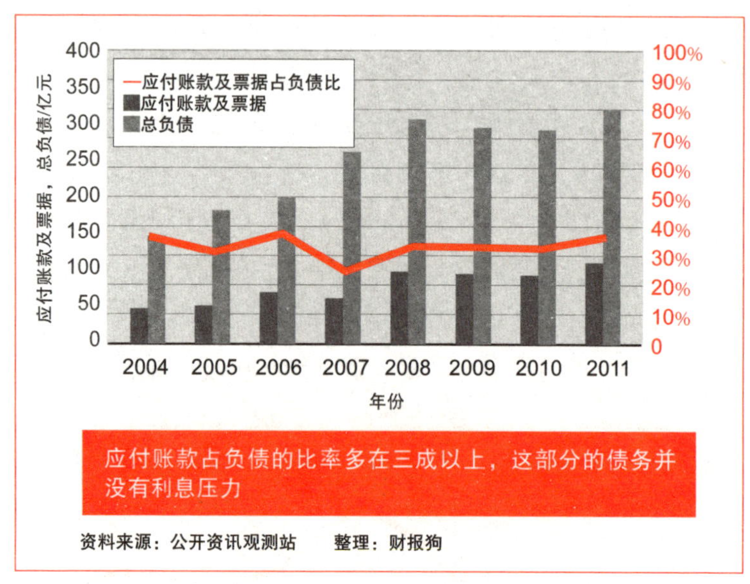

图 2–1–2　统一超应付账款多占负债三成以上——统一超（2912）应付账款占负债比

因此，应付账款虽高，并非因为财务结构有问题，反而显示统一超本身在产业链中具有强势地位。

好债 2：先跟下游客户拿钱，晚点再出货

做生意的方式不外乎三种：一手交钱一手交货，最谨慎；出货之后才跟客户拿钱，就比较低声下气了；先拿到钱之后再出货给客户，可以说是最厉害的！

货都还没卖掉，就能拿到白花花的钞票，这样的公司，想倒闭也难。不过，公司虽然先拿到了钱，但并不代表真正赚到钱，一定要等到客户拿到货，才能算成交。

因此，这笔账务就像是公司欠了下游客户的，只是最后并不用钱偿还，而是用商品或劳务来偿还。在出货之前先收到的钱，在会计上称为“预收账款”，同样记录在资产负债表的“流动负债”中。

预收账款虽然在财务上属于负债的一种，其实对企业几乎不构成现金压力。先收进来的账款，不只降低了短期资金压力，也增加了企业现金运用的弹性，所以预收账款可说是“最棒的负债”。

最重要的是，能够向客户预收账款的企业，通常代表着对下游有无与伦比的吸引力，使得客户愿意先付大笔现金给公司。这正意味着，企业的产品或服务，拥有优秀的差异化优势，使得客户甘愿先付钱！

我们来看一个经典的例子，中国台湾地区保安业龙头中保（9917）的负债，大额的预收款项占总负债将近 20% 的比率，再加上前述的应付账款与票据，两者占总负债达 30%（详见图 2–1–3）。代表中保的负债结构中，有 30% 是没有利息压力的。

为什么中保会有这么大额的预收账款？这跟产业特性有关，有别于一般公司做生意是先提供商品后收钱，保安业可是等顾客先付款才提供服务的。这不仅让中保没有客户账款收不回来的风险，也使得实际上的财务结构比表面上看起来更稳健。

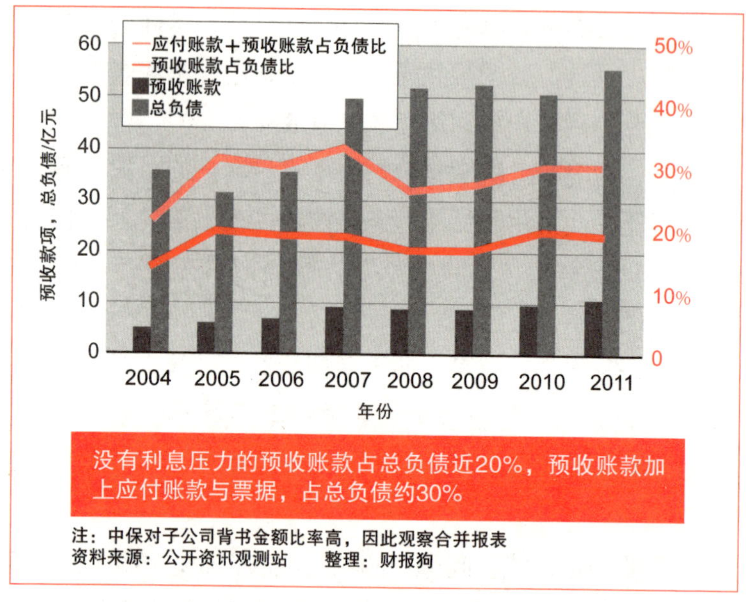

图 2-1-3　先收钱后服务，中保 30% 负债无利息压力——中保（9917）预收账款、应付账款占负债比

从长短期金融负债比才能看出企业负债压力

传统的负债比，无法分辨好债与坏债，因此我们采用长短期金融负债比，来观察公司有哪些债务需要付利息，也就是真正造成企业还钱压力的债务比重有多高。这些债务包括 4 个项目：

①短期借款。

②应付短期票据。

③一年内到期的长期负债。

④长期负债。

这 4 项都是企业资金不足时的借款来源，也都必须按时缴纳利息，我们合称为“长短期金融借款”，再拿来和总资产相比，就能得到长短期金融负债比。计算方式为“长短期金融借款 ÷ 总资产 ×100% ＝长短期金融负债比”，以不超过 40% 较理想，30% 以下则较为稳健。

以下用两个例子做比较。全家（5903）的负债比都在六成以上；华亚科（由美商美光公司并购，已于 2016 年 12 月 6 日下市，原股号 3474）在 2007 年之前原本不到五成，但 2008—2012 年持续升高，也达到七成（详见图 2–1–4）。看似两家公司的负债比都偏高，不过仔细探究两家公司的负债结构，却大不相同。全家为台湾第二大超商，渠道也相当密集，一样具有规模优势，因此对上游供货商也很强势。负债的组成项目当中，应付账款占总负债的比率高达 50% 以上，但是由于应付

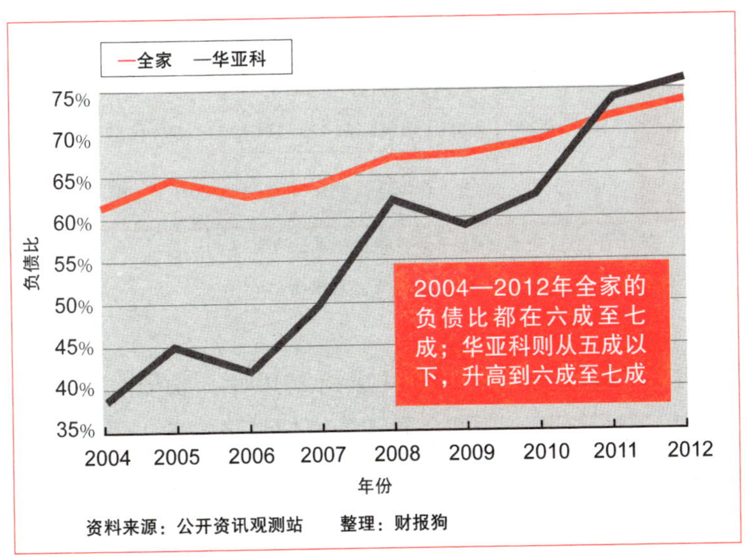

图 2–1–4　全家、华亚科近年负债比皆高于五成——全家（5903）、华亚科负债比

账款属于好债，并不足为惧。

不过，如果改用长、短期金融负债比观察，全家几乎都维持在接近 0 水平（详见表 2–1–1），可见全家实际上并没有大幅举债（有息债），财务结构相当稳健。

表 2–1–1 全家资金几乎没有需要付利息的债务——全家（5903）长短期金融借款负债与负债比

年度（年）	2004	2005	2006	2007	2008	2009	2010	2011	2012（至第 3 季度）
短期借款	0	0	0	0	0	0	0	0	0
应付短期票券	0	0	0	0	0	0	0	0	0
一年内到期长期负债	0	0	0	0	0	0	0	0	0
长期负债	0	0	0	23	20	17	2	0	0
长短期金融借款总额	0	0	0	23	20	17	2	0	0
总资产	7 887	9 290	9 283	10 064	11 179	12 042	13 639	15 575	17 177
长短期金融负债比（%）	0	0	0	0.23	0.18	0.14	0.01	0	0

注：统计自 2004 年至 2012 年第 3 季度；单位为百万元。

资料来源：公开资讯观测站　　整理：财报狗

再看华亚科，虽然从 2004 年到 2010 年，负债比似乎稍低于全家，但是，长、短期金融负债比却明显偏高，而且呈现不断上升的趋势。2008 年已经超过 50%，2011 年起达到近 70%（详见图 2–1–5），这表示在公司资产的资金来源中，有高达 70% 的负债是有利息压力的负债。这也清楚呈现全家在财务结构上，跟华亚科比简直是天差地别。

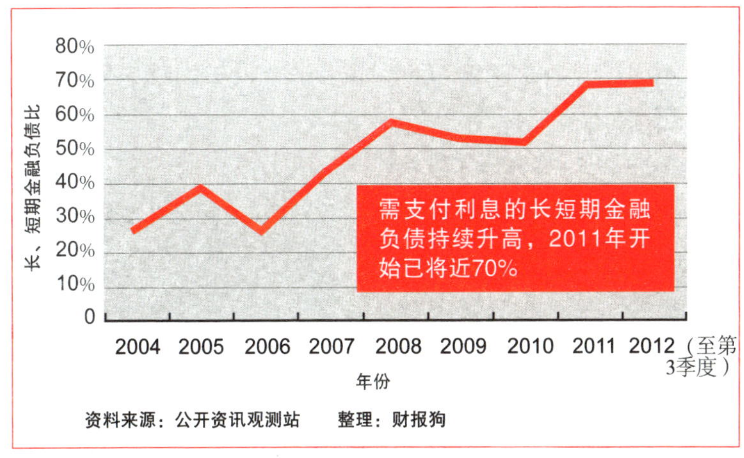

图 2-1-5　华亚科七成资金来源有利息压力——华亚科长、短期金融负债比

可见，单从负债比来比较，是会有盲点的，若对企业的负债有疑虑，可以通过长、短期金融负债比进行正确的解读。最后，做个简单总结：

①应付账款是向供货商赊欠的好债。

②预收账款是向客户赊欠的好债。

③以长、短期金融负债比衡量财务结构更为恰当。

大毛："你已经是夜市里规模最大的香肠摊，猪肉商一定抢着排队跟你做生意！你可以向原本的猪肉商，或是其他猪肉商谈条件，看谁愿意收 3 个月后再兑现的支票，这样你就多出 3 个月的现金可以使用，而且这样的欠款，不需要利息喔！"

阿胜："难怪最近很多以前没来往的猪肉商一直打电话来，我忙着弄我的生意，都没时间理他们，我得好好跟他们谈一谈！"

2-2 营业现金流 赤裸呈现获利含金量

黑狗兄出狱之后，本来还想走回头路，继续做兄弟。但在看完电影《无间道》后，心中马上浮现一个想法："我想当好人。"经过好友阿海的介绍，黑狗兄顺利在阿财夜市开了一家平价牛排摊。

黑狗兄开牛排摊的消息，不久就在江湖上传开，以前的老朋友们纷纷前来捧场，每天人声鼎沸，想吃牛排得先拿号码牌。大部分人潮都被吸引过去，使得阿财夜市中其他牛排摊的生意一落千丈。夜市里传闻，黑狗兄一晚的业绩超过10万元。

就在其他牛排摊正烦恼着如何把客人抢回来之际，黑狗兄牛排摊竟然悄悄歇业了。从开业以来，时间前后不到3个月，实在令人百思不得其解。难道黑狗兄赚太多，想去环游世界？还是黑狗兄不想再做好人了？

在观察公司基本面时，我们最关心的往往是获利的高低以及成长性。但是，别忘记，获利只是财务报表上的数字，公司必须真正能收回现金，把钞票放回口袋里，才算数。你可曾想过："公司税后净利赚1元，银行户头真的就会多出1元现金吗？”

试想以下的情况。现实生活中，公司出了一批 10 亿元金额的产品给客户，并且开立发票。在会计上，营收增加了 10 亿元，盈余也算进当季的利润表，看起来业绩有大幅增长。不过，这批产品数量多、金额庞大，客户要求 3 个月之后再结清货款。此时，我们是否能说公司现金多出 10 亿元了呢？当然不行，一定要等到 3 个月后现金确实收回了，公司才算是真正赚到了这笔钱（详见图 2-2-1）。

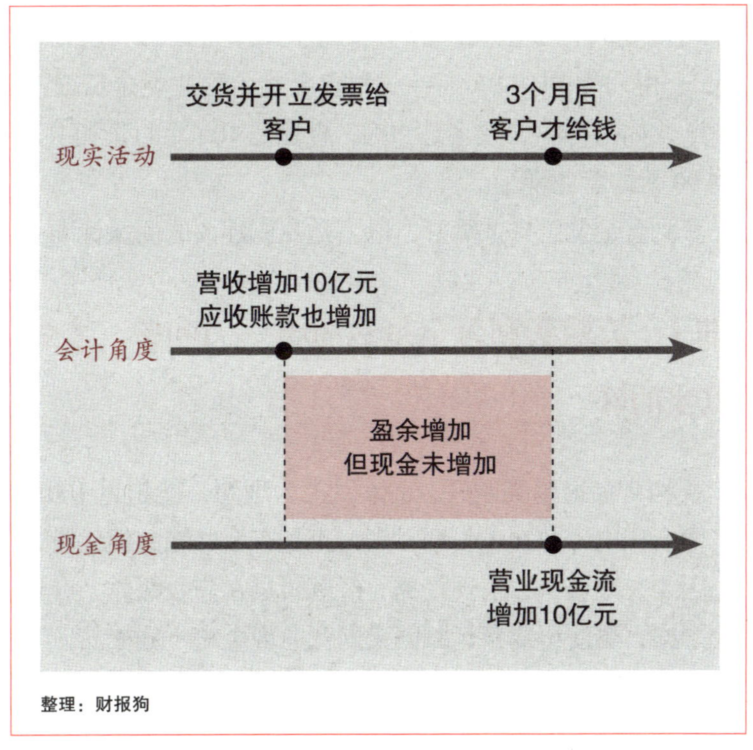

图 2-2-1　出货之后，现金入账才算钱进口袋

营业现金流占净利比重，衡量公司获利品质

既然利润表上当期的业绩获利数字，并不代表公司真正带来的现金流入。为了衡量公司获利是不是真真实实的现金，得利用另一个数据帮助我们观察，那就是现金流量表中的营业现金流入，这个数字记录的是企业借由自身营运所带进来的现金流，并不包含向外借钱或跟股东要钱的部分。

借由营业现金流入占税后净利的比重，我们就能轻松看出公司获利的含金量到底够不够纯。计算方式为“营业现金流入 ÷ 税后净利 ×100% ＝获利含金量（营业现金流对净利比）”，如果得出的数字是 90%，意思是 100 元的获利中，可拿到 90 元的营业现金。

获利含金量怎样才算好？以下是我们建议的衡量标准：

标准 1：长期获利含金量达 80% ～ 100%，才是名副其实的好

获利含金量越高越好，80% 以上为理想，能超过 100% 最好。像台积电（2330）长期以来一直是有目共睹的绩优股，不只是因为长期获利，表现优秀，经营阶层在应收账款、存货上管控严格，更使得靠营运赚回来的营业现金流十分充沛。

直接观察数字，台积电获利含金量极高，2004—2012 年这 9 年的营业现金流入对税后净利比都在 130% 以上；营业现金流入已经超过账面上的获利数字，这样的盈余质量，可称得上是名副其实的现金获利（详见图 2-2-2）。

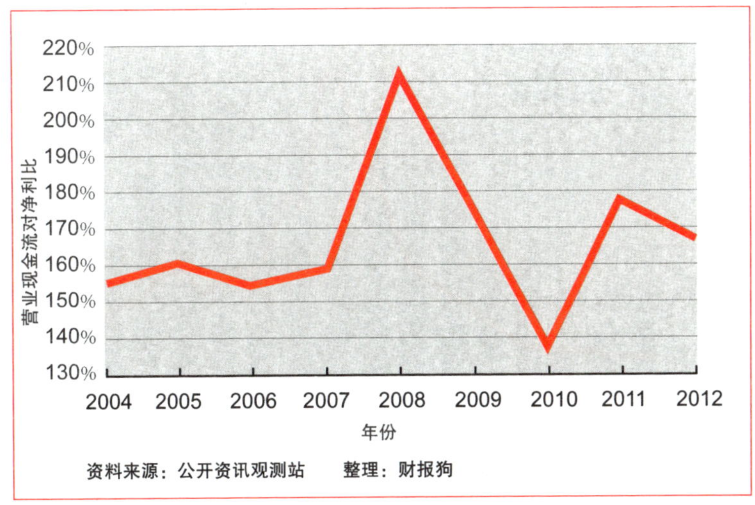

图 2-2-2 台积电获利含金量高达 130% 以上——
台积电（2330）营业现金流对净利比

标准 2：长期获利含金量低于 50%，应探究营业现金流短缺的原因

如果企业长期获利含金量低于 50%，代表 100 元的获利当中，能拿回的现金不到 50 元，此时可能会有虚增获利的可能性。我们必须深入了解，账面上的获利，以及实际拿回的营业现金之间，为什么会产生缺口？公司卖产品、卖服务赚来的钱，被用到哪里去了？

先来看一个经典的例子，消费性电子大厂英格尔（8287），营收和每股盈余（EPS）在 2010 年开始往上冲高，股价也随之快速反应，从 2010 年到 2011 年 2 月，英格尔的股价从 30 多元开始狂涨，最高涨到 257 元，涨幅超过 7 倍（详见图 2-2-3）！

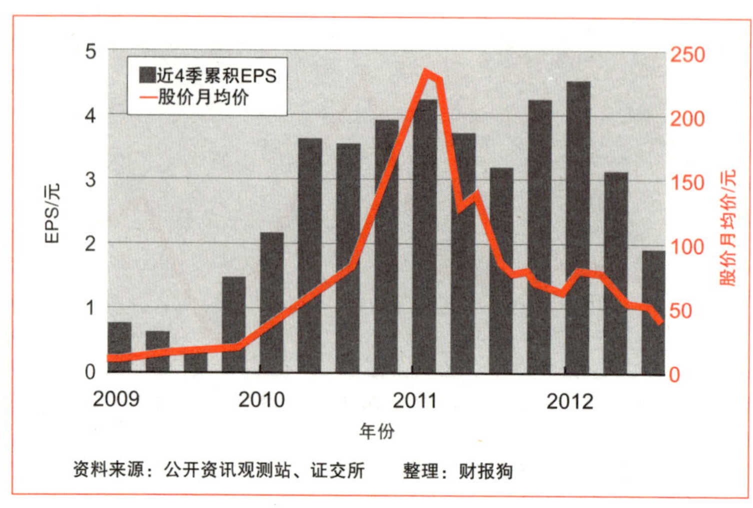

图 2-2-3　英格尔 2010 年起获利带动股价上扬——英格尔（8287）近 4 季累积 EPS、股价月均价

从获利来看，成长性的确相当惊人！但是再看看获利含金量，明明是赚钱，营业现金流对净利比却呈现负值（详见图 2-2-4）。再仔细看现金流量，就会发现一个奇怪的现象。本业赚回的营业现金流转为持续流出，而代表向外借钱的融资现金流却大幅拉高（详见图 2-2-5）。

这是个很矛盾的状况，获利越高，带回来的现金应该越多，手上的现金应该更充裕才对，怎么英格尔是本业没赚到现金，还要去靠现金增资和短期借款来支援资金缺口呢？（详见图 2-2-6）

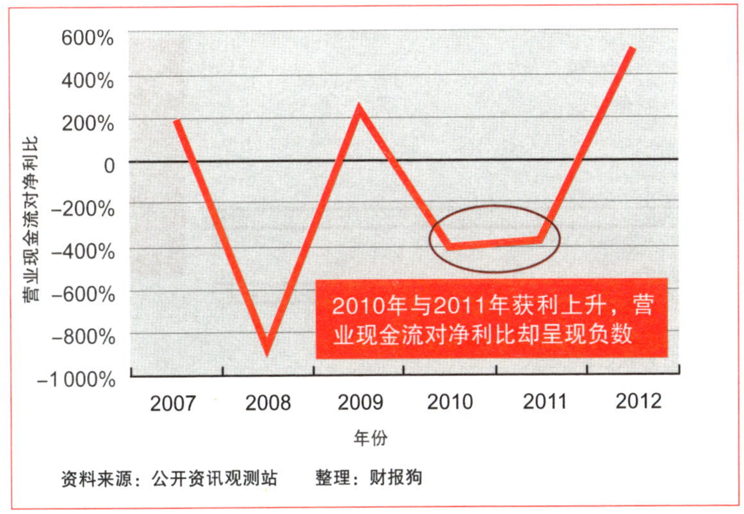

图 2-2-4 英格尔在赚钱的时候，营业现金流对净利比却出现负数——英格尔（8287）营业现金流对净利比

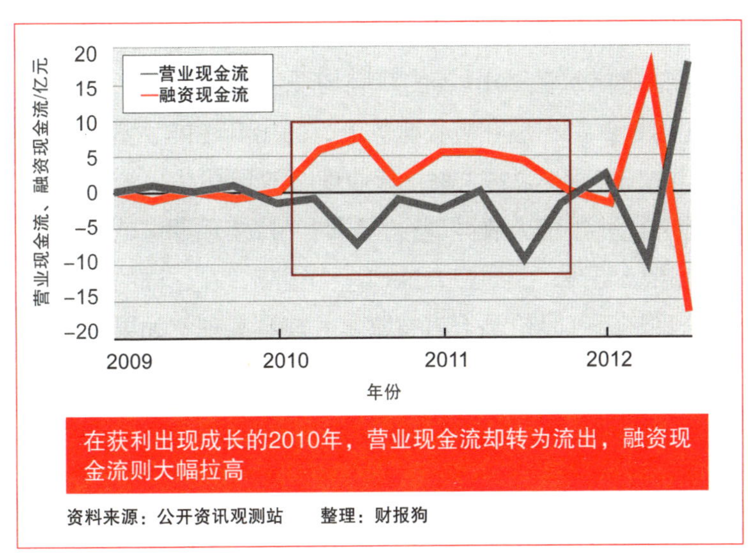

图 2-2-5 现金没有随营收获利进账，英格尔反而向外借钱——英格尔（8287）营业现金流与融资现金流

	2011年度	2010年度
投资活动之现金流量:		
处分备供出售金融资产价款	–	5 516
购置固定资产	(44 961)	(20 524)
处分固定资产价款	473	–
购置无形资产	(3 307)	(1 030)
其他金融资产增减	(15 859)	(1 003)
其他资产增减	–	64
投资活动之净现金流入(流出)	(63 654)	(16 977)
融资活动之现金流量:		
短期借款增减	1 794 264	378 690
公平价值变动列入损益之金融负债增减	–	(3)
存入保证金增减	–	(90)
发放现金股利	(39 307)	(57 556)
现金增资	–	1 016 270
员工执行认股权	–	11 077

2010年融资现金流出，主要是短期借款以及现金增资，2011年的短期借款又继续提高

资料来源：公开资讯观测站　整理：财报狗

图 2-2-6　英格尔现金连续 2 年流出，借款持续增加——英格尔（8287）现金流量表

为了了解造成营业现金缺口的原因，我们仔细追查营业现金流量的详细项目，答案是应收账款和其他应收款大幅增加，没有回收现金所导致。

总结英格尔在 2010 年的获利与现金流入状况，原本应该赚回的现金，都积压在应收账款上，2010 年 EPS 大赚 4.62 元，EPS 年成长率高达 225.35%，营业现金流量居然是流出，根本没有为公司和投资人赚回现金。同时又持续短期借款和现金增资，向市场要钱，凸显资金缺口压力很高；在这样的情况下，可以合理怀疑高股价是否真有坚实的获利基础？如果找不出其他合理的解释，那么这类的股票，建议投资人避开为宜。到 2011 年 4 月，英格尔爆发负责人涉炒股遭调查，随后不到 1 年时间，股价暴跌到 60 多元，整整缩水 76.6%。

获利含金量不足，股价过热就该注意

我们再看看另一个例子，做电子游戏机台的美嘉电（4415，已于2014年更名为“台原药”）常年亏损，2009年却突然出现转亏为盈（详见图2–2–7）。配合着当时金融海啸之后，台股一阵反弹大涨的热潮，股价竟从9元左右飙涨，最高到达148.5元，大约半年的时间涨幅超过15倍！这种一柱擎天的涨法，投资人无不热血沸腾啊！

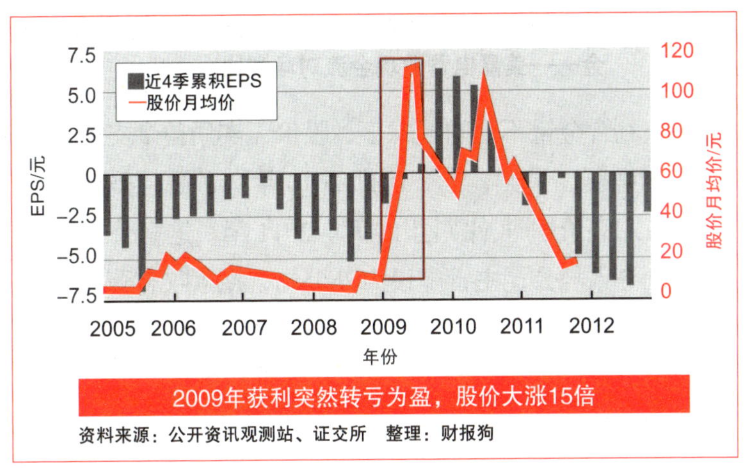

图2–2–7 2009年美嘉电股价随获利突然飙升——美嘉电近4季累积EPS、股价月均价

但是当我们进一步检视美嘉电的获利含金量，却发现转亏为盈的2009年期间，营业现金流入对净利比长期低于50%或呈现负值（详见图2–2–8），也就是现金流入远低于账面获利，甚至显示为现金流出。

图 2-2-8　2009 年美嘉电虽有高获利，却没有带进足够的现金——美嘉电营业现金流对净利比

在获利含金量不足的疑虑下，股价无实质盈余支撑，有过热高估的嫌疑。果然，第二年即 2010 年 7 月后，美嘉电又从 111.27 元的高价快速崩跌回 14 元。2011 年，这家公司爆出假账案，创办人与公司主管虚设海外公司，把营收和获利数字冲高，再用人头账户交易大炒股票，股票也在 2012 年 4 月 30 日停止交易，此时来不及跳下车的投资人损失惨重。

因此，想要稳健创造长期获利的投资人，都应该选择避开这样的投资标的；没有大户老手的本事，就不要以侥幸心理加入投机游戏。

阿海得知黑狗兄的牛排摊歇业后，急忙跑去探望，想了解到底发生了什么事。

阿海问："黑狗兄！生意这么好，怎么不继续做了呀？该不会又要重出江湖了吧？"

黑狗兄答道："唉……不是这样的。虽然生意表面看起来大好，但来光顾的客人都是以前的兄弟们，个个吃完就开始套交情赊账。每个都对我'大哥''大哥'地叫，我怎么有脸去要钱。所以实际上赚回来的现金少之又少啊，最后撑不下去，只好收一收了……"

阿海说："原来如此……那怎么办呢？"

黑狗兄回答说："没关系，我只要找个没有这些以前兄弟们的地方重新开业，应该就没问题啰！"

阿海说："好策略。等你找到地方再通知我啰。"

黑狗兄生气地说道："你还好意思讲，你带全家大小10个人来我这边，吃了3次都没付钱。"

是赚钱还是烧钱？自由现金流告诉你

阿财夜市的正中央有三个相连的摊位，左边是卖珍珠奶茶的阿忠，中间是卖鲜花的小花，右边是卖衣服的阿猴。小花贤惠温柔又善解人意，阿忠与阿猴都非常喜欢她，不断对佳人献殷勤。时间一久，母亲忍不住问小花。

花妈："小花呀，我看这两个年轻人，都对你有好感，如果他们跟你求婚，你会选择谁呢？"小花："嗯（脸红）……我应该会选阿忠吧！"

花妈："为什么？我看阿猴手戴劳力士，车开宝马，看起来每个月赚得比较多，最近听说还要再多开两家衣服店面。你怎么会选慢吞吞、看起来赚得比较少的阿忠？"

到底阿忠有什么过人之处，能博得小花的青睐呢？

学习理财的路上，你一定听过这句老话："赚 1 元钱不是你的 1 元钱，存 1 元钱才是。"赚来的钱能够留下来才是真正赚到的，这句话套用在公司经营上也十分恰当。

一家公司获利很高，且赚回来的现金充沛，是否就足以构成买进的理由呢？还不够！你得看看这家公司留下多少钱给股东。

首选能存现金的公司，避开高资本支出“惨”业

公司虽然赚的现金多，但如果烧钱烧得更凶，那么，最后能留给股东的现金终究是少得可怜。更伤脑筋的是，如果长期入不敷出、吃光老本，将促使企业长期向外举债或增资，这将让企业财务风险增加，或是通过股本膨胀稀释获利，两者对于投资人而言，都不是好事。

我们来看看大家熟悉的面板、DRAM（Dynamic Random Access Memory，动态随机存取内存）、LED（Light-Emitting Diode，发光二极管）、太阳能，为何被称为“4 大惨业”？因为它们都是相当烧钱的产业。由于这些产业的扩厂、扩增产线等相关资本支出极高，每盖一代厂动辄需要新台币数十亿、数百亿元，但是往往资金尚未回收前，又被迫投资下一代技术，以免被淘汰。如此年复一年，资金缺口自然越来越大，情况越来越差，倒闭破产的可能性很大。

反观容易留下现金的公司，碰到需求暴增的大好机会时，就能利用自有现金大举扩厂，无须对外大幅举债增资，使得自身保守稳健。在没有更好的投资机会时，也能有多余现金配出股利回馈股东，使股东得到实质收益。

所以我们认为，烧钱不凶、能存下现金的公司，通常会是我们的投资首选。如何判断公司烧钱凶不凶呢？自由现金流量，正是引领我们寻找会存现金公司的指南针。

3 个条件检视自由现金流，判断烧钱凶不凶

自由现金流到底是什么呢？它的计算方式相当简单，只要把现金流量表的“营业现金流入”减去“投资现金流出”，就是自由现金流。

自由现金的流入，说穿了就是拿公司本身营运带回来的现金（营业现金），扣除扩厂、并购等现金支出（投资现金）后的剩余现金。这些剩余的现金，可以用来还债、再投资，或是转成股利发还给股东等，全凭公司自由运用，因此被称为自由现金流。

在投资实务上，观察自由现金流的方法有以下条件：

①为避开短期季节性资金应用差异，应以年度数据作为主要观察依据。

②近 8 年自由现金流量，其中至少 4~5 年为正值。

③近 8 年自由现金流量，总和为正值。

DRAM 获利赶不上扩厂，自由现金长期不足

让我们来看看几个例子。首先是 DRAM 大厂南亚科（2408），2005—2012 年的自由现金流量（详见图 2-3-1），可以发现：

① 8 年自由现金流量中，其中有 6 年为负值。

② 8 年自由现金流量，总和约 –1 307 亿元，为负值。

图 2-3-1 南亚科 8 年自由现金流量中，有 6 年为负值——南亚科（2408）自由现金流量

DRAM 产业的高资本支出特性，使得南亚科资金需求极高，但在全球产业中的市场占有率低，产品差异化不大的情况下，南亚科的获利并不足以支持其持续不断的扩厂需求。

由于自由现金流长期不足，南亚科只能向外举债增资。从长短期金融负债比观察，比率不断上升。2007 年以前还在 40% 以下，到 2012 年第 3 季度已经高达 87%（详见图 2-3-2）。

现金就像是企业的血液，自由现金流长期流出的公司，就像是血液不断流失般，只能靠输血为生，这种企业的体质是相当不健康的。

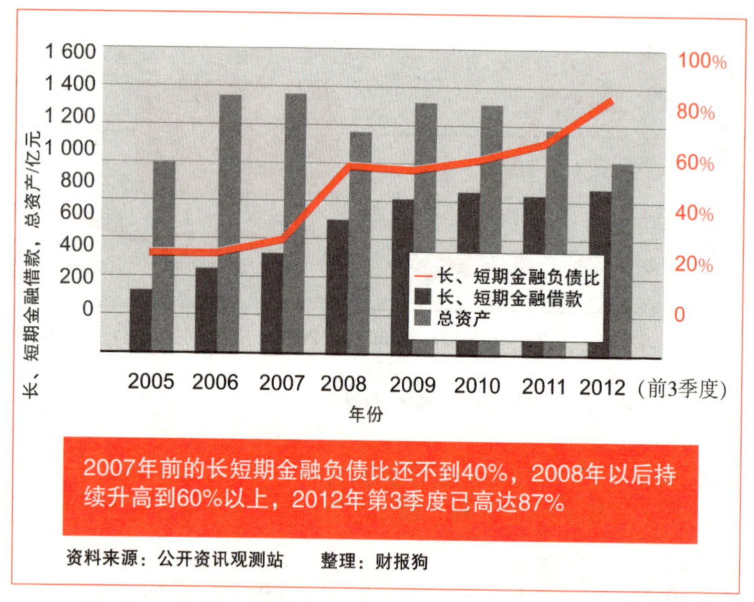

图 2–3–2 南亚科近年负债压力持续升高——南亚科（2408）长短期金融负债比

台股获利王发了股利少了现金，也是烧钱公司

DRAM 是烧钱产业，大家应该都被新闻不断轰炸过，不觉得有什么惊讶之处。但是，你知道 2012 年台股获利王、每股盈余（EPS）高达 44 元的触控面板大厂宸鸿光电 TPK–KY（3673）也是家烧钱的公司吗？

宸鸿在 2008 年上市，以上市后的财务数据，观察 2008 年至 2012 年这 5 年的自由现金流量状况（详见图 2–3–3），可发现：

①5 年自由现金流量，其中 3 年为负值。

②5 年自由现金流量，总和约 –197 亿元，为负值。

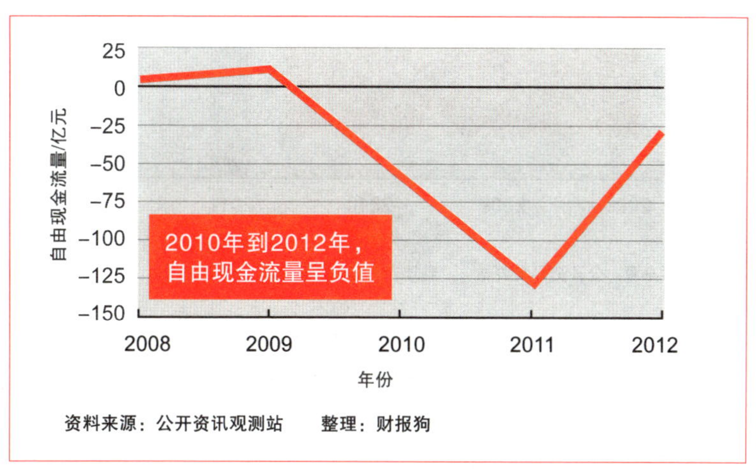

图2–3–3　宸鸿上市5年，其中3年现金不够花——宸鸿（3673）自由现金流量

自由现金流持续流出扩大，代表公司近 3 年（2010—2012 年）赚来的现金根本不够烧，可见触控面板相关设备相当昂贵。来看件更有趣的事吧！虽然赚的现金不够烧，但宸鸿 2011 年硬是配出每股高达 20 元的现金股利（详见图 2–3–4）！进一步观察，宸鸿配发 2011 年现金股利，需要花 51 亿元，但是宸鸿 2011 年靠着自身营运，只赚回 179.78 亿元营业现金流入，扣除资本支出后的自由现金流出为负值。

到底宸鸿的现金股利从何而来？仔细了解公司的资金借贷状况，公司 2012 年短期借款增加了近 59 亿元，长期借款新增约 11 亿元（详见图 2–3–5）。

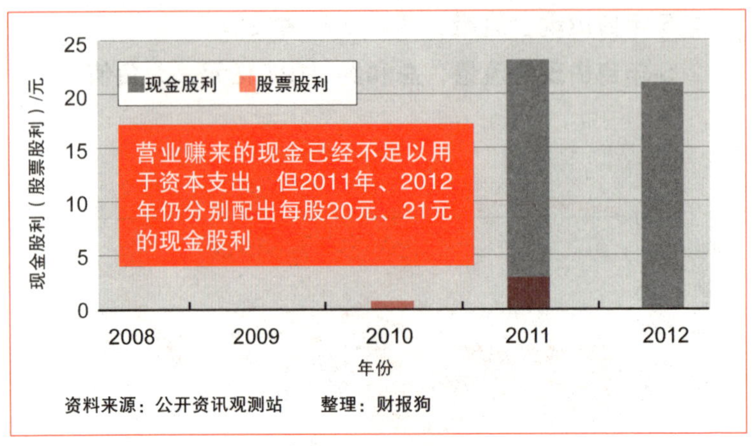

资料来源：公开资讯观测站　　整理：财报狗

图 2-3-4　宸鸿现金不足，仍配发现金股利——宸鸿（3673）股利政策

	2012年度	
	美金	新台币
取得子公司股权支付现金数	($ 59 581)	(1 730 233)
合并支付现金数	(4 356)	(126 507)
投资活动之净现金流出	(663 024)	(19 254 213)
融资活动之现金流量		
短期借款增加	203 026	5 895 875
举借长期借款	189 103	5 491 557
偿还长期借款	(150 057)	(4 357 670)
发行可转换公司债	229 281	6 658 337
赎回可转换公司债	(2 693)	(78 190)
其他负债—其他增加（减少）	–	(9)
存入保证金增加	(262)	(7 619)
股东往来增加	–	–
少数股权增加	9 200	267 167
员工认股权执行发行新股	16 538	486 517
现金增资发行新股参与海外存托凭证	231 734	6 731 301
发放现金股利	(174 135)	(5 125 556)
融资活动之净现金流入	551 735	15 961 710

从融资活动现金流观察，公司通过向外举债，以取得配发现金股利的资金

资料来源：公开资讯观测站　　整理：财报狗

图 2-3-5　宸鸿通过借钱发放现金股利——宸鸿（3673）合并现金流量表

在公司急需现金时，倘若不发放如此高额的现金股利，宸鸿借款将可降低，使财务结构更为稳健，然而公司赚这么多钱，若不发放现金股利，股东可能会抱怨。最后宸鸿选择发放现金股利，却牺牲了财务结构的稳健性，拉高了利息支出。

所以当投资人在领到高股息而开心庆祝时，请记得多看一眼自由现金流量表现，了解公司是否在“打肿脸充胖子”。

借由宸鸿的例子，我们可以了解到——不只获利有虚实之分，连现金股利也有虚实差异！如果投资人看重公司配发现金股利的能力，就应该重视自由现金流量，因为充沛的自由现金流入，才是高现金股利的源头。

资本支出有成效，就能带回正向现金流

看完两个负面的例子后，再来看个正面的例子，亚洲最大烘焙设备制造商新麦（1580），全亚洲面包、蛋糕烘焙所使用的设备，5 台就有 1 台是出自新麦。先来看看新麦长期的自由现金流量状况（详见图 2–3–6）：

①8 年（2004—2011 年）自由现金流量，仅 3 年为负值。

②8 年（2004—2011 年）自由现金流量，总和 5.43 亿元，为正值。

新麦的自由现金流入，虽然偶有小于 0 的情况，但随着在大陆发展顺利，获利和营业现金流入都节节升高，可见早期的资本支出，在往后带回了更多的现金流入！

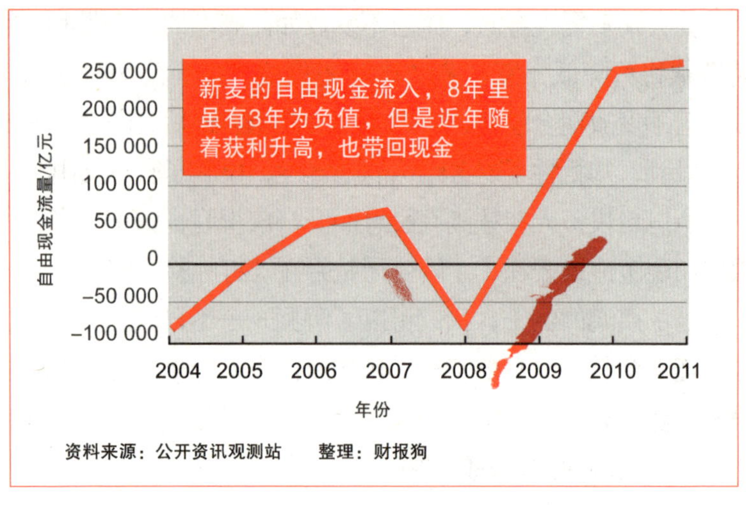

图 2–3–6　新麦早期资本支出带回更多现金流入——新麦（1580）自由现金流量

新麦的例子告诉我们，公司有资本支出是必然的，只要在未来 3~4 年皆能带回更多现金，就是成功的投资。所以在观察现金流量时，应尽量看长期表现，而非只注重短期 1 年、2 年，就轻易做定论喔。

花妈："你为什么不选阿猴呢？"小花："阿忠和阿猴都和我认识很多年了，我很了解他们。阿猴虽然赚得较多，但是花钱花得更凶，动不动就买车、买奢侈品，现在已经背了不少债了。"

花妈："那么阿忠哪里好？"小花："阿忠虽然赚得比较少，但是稳扎稳打，赚回来的钱总是固定存下不少。如果要一起经营婚姻，为了长远的未来着想，我当然选择能留住钱且较可靠的阿忠啰！"

价值评估：3 项指标简单估出合理股价

3-1 获利成长性可预测 采本益比判断股价高低

如果公司通过前两关“获利佳”“安全性高”的检验，就可以放进选股的观察名单了。接下来要进入非常重要的一步——评估合理的股价，毕竟就算挑到好股票，如果买贵了，还是会被套牢的。

要判断股价贵不贵，最常见的指标是“本益比”（Price-Earnings Raito，简称PE）。“本”是指股价，“益”是指盈余（即税后净利），本益比是每股股价相对于每股盈余（Earnings Per Share，简称 EPS）的倍数；例如，10 倍本益比代表股价为 EPS 的 10 倍，50 倍本益比则是 EPS 的 50 倍，依此类推。

先来了解什么是 EPS，计算方法是公司盈余除以公司发行的股数。举例来说，去年度 A 公司的盈余为 1 000 万元，发行股数一共是 100 万股，EPS 即为每股 10 元（盈余 1 000 万元 / 股数 100 万股），也就是这家公司每股赚 10 元的意思。

如果两家公司都是每股赚 10 元，是否代表两家公司赚钱的效率一样呢？不一定。例如农夫从市场上买了两棵苹果树，分别花了 3 万元和 5 万元，回家种植之后发现，两棵树都是每月结成 10 颗质量相当的苹果，请问农夫会比较爱哪一棵？当然是 3 万元那棵啰！因为成本较低，获利的效率比较高。

一样的意思，两家公司 EPS 都是 10 元，同样每股赚 10 元，A 公司每股净值 30 元，B 公司每股净值 50 元，当然是 A 公司的效率高。净值其实就是股东权益，将 EPS 除以每股净值，就是我们在之前提过的 ROE（股东权益报酬率）了（详见 PART 1 第 3 章）！ ROE 虽然可以判断公司的经营效率，但无法用来衡量合理股价，此时就需要采用本益比来评估。

本益比愈高，外部股东报酬率愈低

换个角度看，如果把本益比倒过来，则变成“EPS／每股股价”，又称为“外部股东报酬率”，意思是投资人买进这只股票后，公司为股东赚到的报酬率。因此，本益比愈低，外部股东报酬率愈高。

我们整理出本益比与外部股东报酬率的对照表（详见表 3–1–1）。一般的观念是，如果本益比是 5 倍，就相当于外

表 3–1–1 本益比与外部股东报酬率对照

本益比（倍）	外部股东报酬率（%）
5	20
10	10
15	6.7
20	5
30	3.3
50	2

本益比＝每股股价 ÷EPS

外部股东报酬率＝EPS÷ 每股股价＝1÷ 本益比　　　　整理：财报狗

部股东报酬率高达 20%！看起来股价遭到市场低估，似乎应该闭着眼睛买？当本益比 50 倍（也就是所谓的本梦比），相当于外部股东报酬率只有 2%，股价一定会崩跌？

听起来似乎有道理，那我们来看看宏达电（2498）的例子，2011 年 4 月宏达电股价飙升到天价 1 300 元后，一路崩跌到同年 12 月的最低点 403 元，本益比只剩下约 5.1 倍（详见图 3–1–1）。当时新闻不断出现“宏达电是低本益比概念股”的言论。结果，股价在 2012 年第 1 季度短暂反弹后就一路走低，最低甚至在 2012 年 11 月跌破 200 元。

图 3–1–1　EPS 呈衰退走势，本益比容易被低估——宏达电（2498）EPS、本益比

奇怪，低本益比不是代表外部股东报酬率高，为什么股价还会一直下跌呢？其实，若是采用台湾证券交易所的本益比公式，EPS 是用过去 4 季 EPS 的总和，而非采用未来 4 季的预估值，所以当 EPS 呈现衰退走势时，会使得公司的本益比看起来很低。

来看另一个例子，统一超（2912）的本益比多半处于 20 倍以上（详见图 3–1–2），看似外部股东报酬率很低，但股价还是呈现长线多头的走势。为什么呢？原来统一超的 EPS 是呈现成长的趋势，2008—2011 年 EPS 年复合成长率为 21.7%。

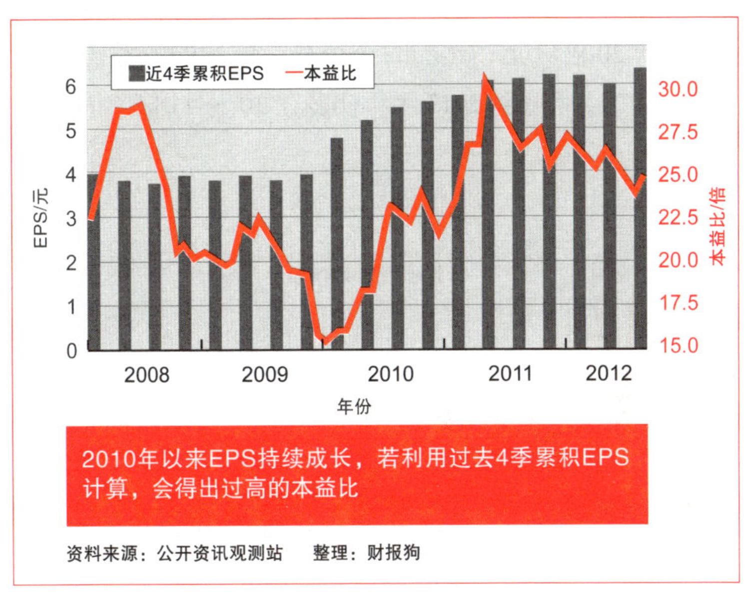

图3–1–2　EPS呈成长走势，本益比容易被高估——统一超（2912）EPS、本益比

不同行业成长阶段，会有不同本益比

其实，公司的合理本益比，与 EPS 成长性有关。如果公司每年 EPS 变动不大，合理本益比约为 10 倍，也就是外部股东报酬率为 10%。若是公司的 EPS 呈现成长趋势，则合理的本益比可以更高；相反地，若 EPS 呈现衰退趋势，则合理的本益比就应该低于 10 倍。

我们可以观察该行业当中具有代表性的大厂，从这家公司的本益比走势，了解所属产业的变迁。例如，广达（2382）是台湾的 NB（笔记本电脑）代工一哥，2001—2002 年时本益比多处于 20 倍以上；然而时至今日，广达的本益比一直在下降，2012 年年底到 2013 年年初多在 10 ~ 11 倍之间（详见图 3–1–3）。

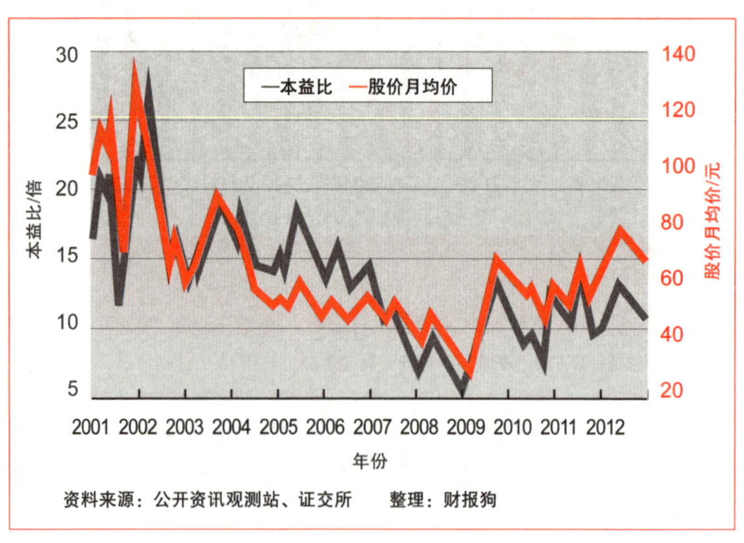

图 3–1–3　NB 成长趋缓，广达本益比也下滑——广达（2382）本益比、股价月均价

原来，2000 年左右时，NB 还是高成长性行业，大家还抱着很深的期望。但随着时间过去，NB 逐渐迈入成熟型行业，成长性慢慢降低，本益比也随着下降。目前，以维持在零成长的产业而言，本益比大约就在 10 倍。

另一个例子是在线游戏研发大厂宇峻（3546），2006 年起，在线游戏导入了免费商城制，广为玩家接受。各大游戏公司的营收与获利都出现大幅增长，本益比也都维持在高档。宇峻的本益比在 2009—2010 年多半维持在高档的 25 倍左右（详见图 3–1–4）。

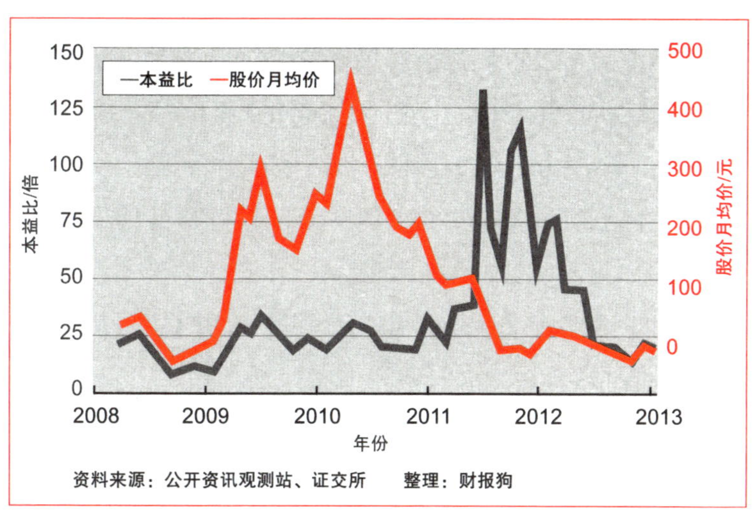

图 3–1–4　游戏产业获利大幅衰退，使本益比下降——宇峻（3546）本益比、股价月均价

近年来因为行动装置的兴起，传统在线游戏已出现供过于求的情况，产业的本益比也持续修正。2012 年年底到 2013 年年初，宇峻本益比虽已下降至 20 倍，但以衰退产业来看，本益比仍偏高，未来若获利持续衰退，本益比还会继续下降。

同行业的公司，本益比未必相同

很多人有个迷思：相同行业，本益比就应该相同，有些分析师也常常把“比价效应”这4个字挂在嘴边，认为A公司和B公司属于同样的行业，A公司可以有20倍本益比，B公司也可以。这实在是个很荒谬的想法，公司股价的合理本益比，是与公司的EPS成长性有关，并不是同样行业的所有公司都可以一概而论；因为在同一个行业中，各家公司的成长性也可能大不相同。

安心食品（1259）为摩斯汉堡的中国台湾地区代理商，2011年12月挂牌上市，上市不久就冲到天价——196.5元，随即不断下跌，2013年1月时股价跌至不到90元。

安心食品刚挂牌时，EPS约7元，分析师认为同行业的食品公司如王品（2727）、美食–KY（2723）等本益比都超过25倍，所以安心食品股价也应该超过25倍本益比对应的股价，也就是175元（EPS 7元 × 本益比25倍）。

殊不知，美食–KY与王品之所以有高本益比，是因为它们的高成长性，尤其是王品，每年EPS可维持20% ~ 25%的成长。反观安心食品，EPS不但没有成长，还呈现衰退走势（详见图3–1–5），股价出现大幅变化也就不足为奇了。

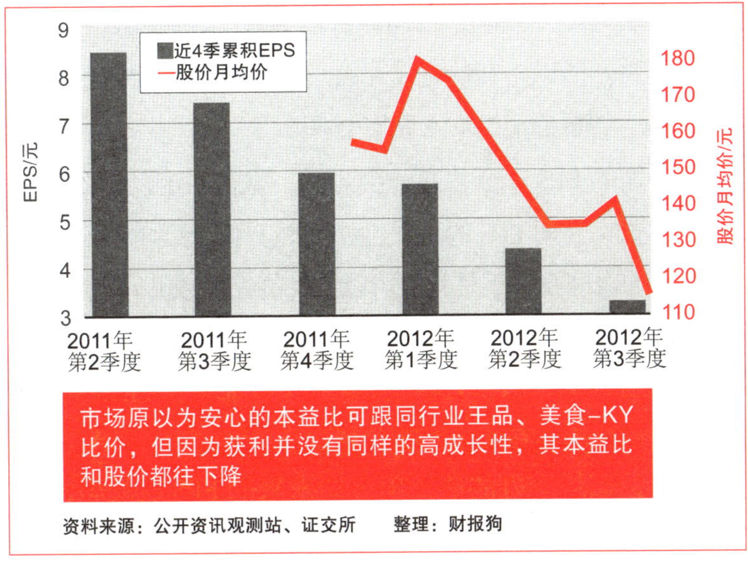

图 3-1-5　安心食品获利没成长，股价一路下降——安心食品（1259）EPS、股价月均价

用 EPS 年复合成长率，算出个股“目标价”

如果你平常会看券商的研究报告，应该会注意到，每篇个股研究报告都会有一个“目标价”。这个目标价是怎么来的呢？基本上是研究员先估出公司的 EPS，然后再给这家公司一个合理的本益比，把预估EPS乘上合理本益比即可得到目标价。

问题来了，合理本益比怎么给？你如果多看几份财务报告，就可以发现，有些合理本益比是用“行业平均值”，有时候用“历史平均值”，有时候又说“公司本益比偏低，但股价已涨许多”，有时候又说“本益比偏高但股价已跌很多”，实在是一点逻辑都没有。

忘了法人那一套吧！公司的合理本益比，只与公司的 EPS 成长性有关。所以，在决定公司合理本益比前，要先问自己："我有办法判断公司的 EPS 成长性吗？"

若公司的 EPS 一会儿高一会儿低，飘忽不定，那么神仙也无法估出这家公司 EPS 的成长性，此时我们就要承认一件事：这家公司的合理股价不是我们可以估计的，就放弃它吧！

例如，游戏公司宇峻，2008 年的 EPS 为 5.77 元，2010 年大幅成长至 11.62 元，2011 年衰退至 0.56 元，获利变动剧烈，当然也不适合用本益比来判断合理股价。

当然，如果有办法估计出公司未来的 EPS 成长率，就可以判断出公司的合理本益比了。我们整理出一张表格供投资人对照（详见表 3–1–2），例如一家公司 3~5 年 EPS 每年呈现成长，当年复合成长率达 10% 时，合理本益比为 12 倍。

表 3–1–2　EPS 年复合成长率与合理本益比对照表

EPS 年复合成长率（%）	合理本益比（倍）
0	10
10	12
15	15
20	20
25	22
30	25

注：本表为财报狗估算，估算原则为假设公司 EPS 以此年复合成长率，连续成长 4 年后停滞，以此 4 年后 EPS 的 10 倍当作合理本益比，并取适当安全边际

整理：财报狗

举个例子，中国台湾地区连锁餐饮龙头王品过去几年 EPS 成长率约为 25%，而餐饮业未来 3 ～ 5 年变动性应该不大，因此我们认为王品未来 3 ～ 5 年仍可以维持 20% ～ 25% 的复合成长率。对照表 3–1–2，可以估算出王品的合理本益比大约为 21 倍。所以当王品股价低于 21 倍本益比时，就可以考虑买进。

你可能会问，表 3–1–2 怎么没有列出 EPS 衰退时的合理本益比？我们认为，一家公司的 EPS 若持续衰退，合理的本益比就是 0，若想要长期投资，那么……别碰这档就对了。

梦想未来 EPS 大成长，换来“本梦比”崩溃

最后谈谈 2012 年第 4 季度到 2013 年年初时，股价涨势“凶巴巴”的新药产业。例如，台微体（4152），不到半年的时间，从 110 元左右起涨，最高涨到 399 元，涨幅 2.6 倍；同期基亚（3176）涨幅也有 2.2 倍；醣联（4168）更是在 3 个月内涨了 2 倍。

其实，仔细看这些公司的获利情况，根据 2012 年前 3 季度的财报所披露的数据来看，这 3 家公司都是呈现亏损状态，“本梦比”已经取代了“本益比”。股价涨势这么惊人，主要是因为市场认为该产业未来的 EPS 成长率很高。

实际上，新药产业的成长率真的会那么高吗？老实说，我们并不清楚，但是可以肯定的是，一段时间之后，如果新药产业的 EPS 仍旧没有什么成长，市场还在继续做梦的话，股价与本益比迟早会向下修正的，投资人一定要特别留意。

3–2 行业获利若不稳定 要看股价净值比

本益比只适合用来判断稳定获利、甚至愈赚愈多的公司股价。那么，当获利不稳定，一年赚、一年赔，就不太适合用本益比这个指标了，此时可以考虑“股价净值比”（Price–Book Ratio，简称 PBR），也称“市净率”。

股价净值比的计算方式是每股股价除以每股净值，愈高代表股价愈贵，愈低则股价愈便宜。先来回顾一下净值，也就是资产（企业拥有的所有资源）扣掉负债（企业对外的借款）后，企业的实际自有资金，又称为“股东权益”。常听到的每股净值，则是用净值除以公司发行的股数。

本益比是从获利的角度来衡量股价。假设我花 3 万元买了一棵苹果树，而这棵苹果树每年可结出相当于 3000 元的果实，则这棵树的本益比就是 10 倍（3 万元 ÷3000 元），相当于外部股东报酬率 10%。

股价净值比则是从安全的角度来衡量股价，也就是预估公司如果有天歇业了，股东能拿回的钱占当初买股票的钱的比重是多少。例如我当初花 3 万元买的苹果树，今天想把它卖掉，如果只能卖 2.8 万元，股价净值比就会小于 1，代表这棵树的市场价值可能被低估了。

一般稳定赚钱的公司，用本益比判断合理股价即可，只有获利不稳定，甚至年年赔钱的公司，我们才会用股价净值比来判断合理的股价，也才会有“如果把公司卖了，可以拿回多少钱”的想法。

通常，年年赚钱的公司，股价净值比远高于 1，股价净值比无法判断它们的合理股价。但若公司无法稳定赚钱，甚至经常赔钱的话，那么它的股价净值比可能会在 1 附近游走；而当股价净值比远低于 1 时，就代表股价可能被低估，可能会出现一波反弹的行情。

比较晶圆代工业的台积电（2330）与联电（2303）本益比，台积电稳定赚钱，所以股价净值比远高于 1；联电赚钱不稳定，所以股价净值比多在 1 附近游走，在 2008 年金融风暴时甚至跌到 0.53，但随即展开一波反弹行情（详见图 3-2-1）。

科技股　设备折旧快，股价净值比常远低于 1

一般来说，公司就算获利不稳定，股价净值比多半还是可以维持在 1 以上，代表公司的股价至少可以维持清算的价值，但很多获利不稳定的科技公司，股价净值比却常远低于 1，这是为什么呢?

以面板产业为例，友达（2409）、群创（3481）的股价净值比在 2010 年之后多半低于 1，群创最低甚至只剩 0.43 的跳楼拍卖价（详见图 3-2-2）。这是为什么?

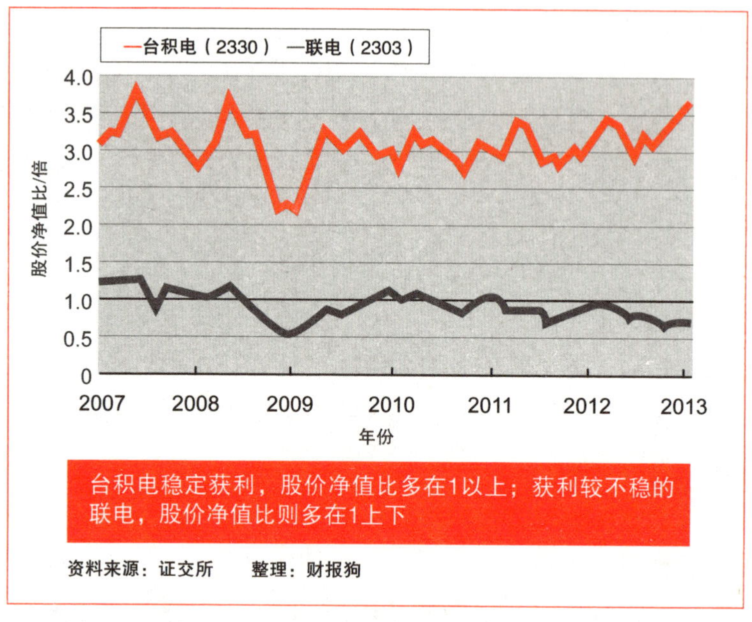

图 3-2-1 联电获利不稳，股价净值比多在 1 上下——台积电（2330）、联电（2303）股价净值比

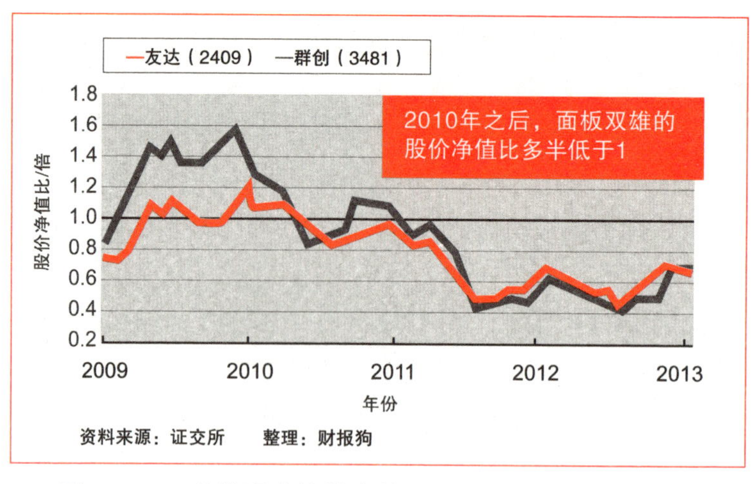

图 3-2-2 科技股净值被高估，股价净值比异常低——友达（2409）、群创（3481）股价净值比

其实，科技产业的股价净值比会如此低，主要是因为它们的净值被高估了。科技公司每年都要向设备商购买大量设备，但由于科技进步快速，新设备不断推出，旧设备的价值快速滑落，因此科技公司设备的账面价值是远低于市场价值的，科技公司的净值应该要打个折扣才符合真实状况，这也是很多科技公司股价净值比异常低的原因。

资产股　就算年年赔，股价净值比仍居高不下

另一个极端，就是资产股了，我们先看一个经典的例子，士纸（1903），顾名思义，就是在士林（中国台湾地区台北市地名）卖纸的。这家公司在 2003—2012 年中，有 9 年都是处于赔钱状态（详见图 3-2-3），但奇怪的是，士纸的股价净值比却异常的高（详见图 3-2-4），这究竟是为什么呢?

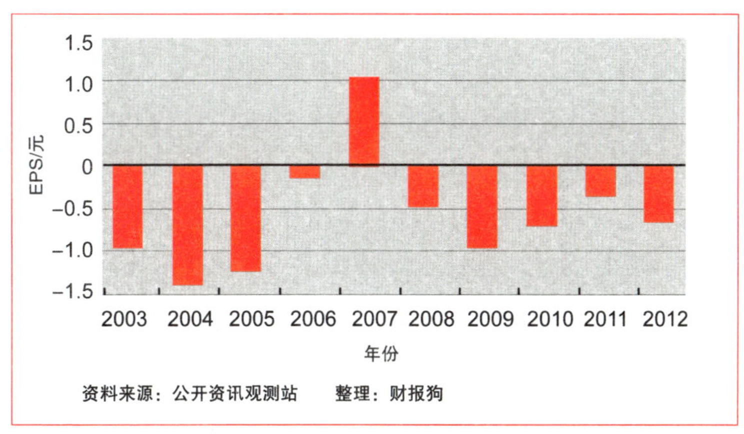

图 3-2-3　士纸 2003—2012 年多呈现亏损状态——士纸（1903）EPS

图 3-2-4 拥大笔土地，让士纸股价净值比偏高——士纸（1903）股价净值比

原来，士纸就是一般人说的资产股，而资产股是指公司资产的实际价值远高于账面价值。最常见的情况是公司在很久很久以前，以超低价取得某些土地后放到现在，这些年来土地价格不断上涨，但公司却没有对这些土地重新估价，所以才会导致公司的净值被低估，股价净值比也才有看似偏高的状况。

资产股是最常被炒作的族群之一。当某块地成交时，拥有这块地附近土地的上市公司就会受到关注，也会有不少“老师”出来算数学，告诉你某公司只要把那块地卖掉就可以多赚几十元 EPS。但实际上，公司真的会卖地吗？卖多少钱？这些都是未知数。所以建议大家，投资资产股还是谨慎点好。

景气循环股　适用股价净值比来回操作

所谓景气循环股，意思是公司获利与经济景气指数有很强的关联。经济景气的时候公司可能赚大钱，经济不景气时却可能赔大钱。为什么会有这种特性呢？追根究底，就是公司所属产业的供给、需求都很不稳定。

需求不稳定源自大众的生活习惯，当经济景气时，各处都大兴土木，有的没的盖一片，家家一台超薄 LED 电视；但是当经济不景气时，需求瞬间急冻，建设全部停摆，奢侈品也不敢再买了。

供给不稳定则源于生产特性，当经济景气时，商品供不应求，厂商只好一直加购设备，产能一直开，只怕钱赚不够；当经济下行时，马上出现供过于求的窘境。

景气循环股由于获利不稳定，不适合用本益比操作，但却可以用股价净值比来判断合理股价。我们来观察景气循环股台塑（1301）的股价净值比河流图（详见图 3–2–5），可以发现，台塑的股价净值比在 2001—2013 年期间，多半维持在 1.5 ~ 2.4 倍，代表这个区间就是台塑股价的合理区间。

所以，当股价跌到股价净值比 1.5 倍以下时，代表股价可能超跌了；当股价涨破股价净值比 2.4 倍时，代表股价可能超涨了。

不过还是要提醒大家，这些数据是历史纪录，若塑化产业出现结构性的大变动时，整个股价净值比的区间还是可能会上下移动的，投资人要注意。

另外，操作景气循环股时，可同时参考产品的报价。例如台塑的主要产品为聚氯乙烯，所以当台塑的股价净值比位于低点，同时聚氯乙烯的报价又开始上扬时，股价反转的机会更高。

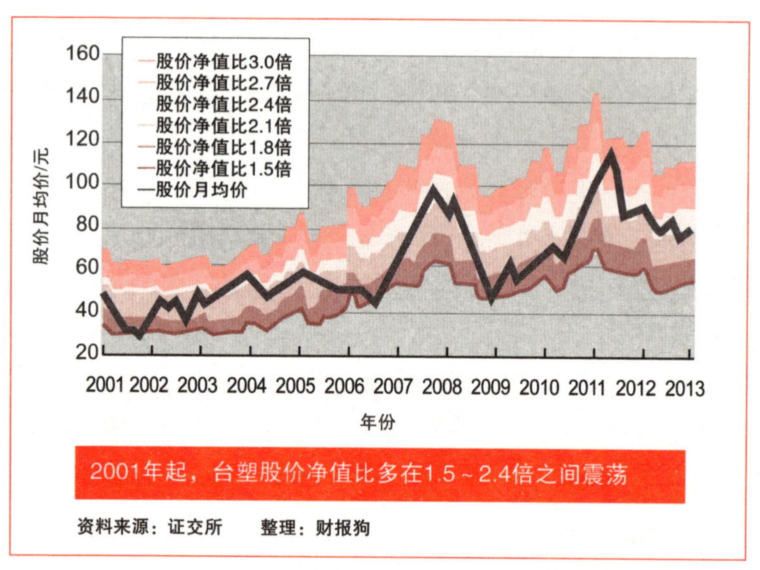

图 3-2-5　从 PBR 震荡区间寻找买卖点——台塑（1301）股价净值比、股价月均价

股价净值比越垫越低，暗示产业衰退

当你判断某家公司为景气循环股，并企图使用股价净值比来操作时，却发现这家公司的股价净值比竟然一波比一波低，就要有所警觉：这间公司并不属于景气循环产业，而是属于衰退产业。

以友达为例，股价净值比的高点不断下降，从 2004 年接近 3 倍，到 2008 年只剩 1.8 倍，2010 年的高点剩 1.2 倍。低点也是不断下降，2003 年的低点是 1 倍左右，2008 年剩 0.6 倍，

2011 年后就跌至 0.5 倍以下了（详见图 3–2–6）。

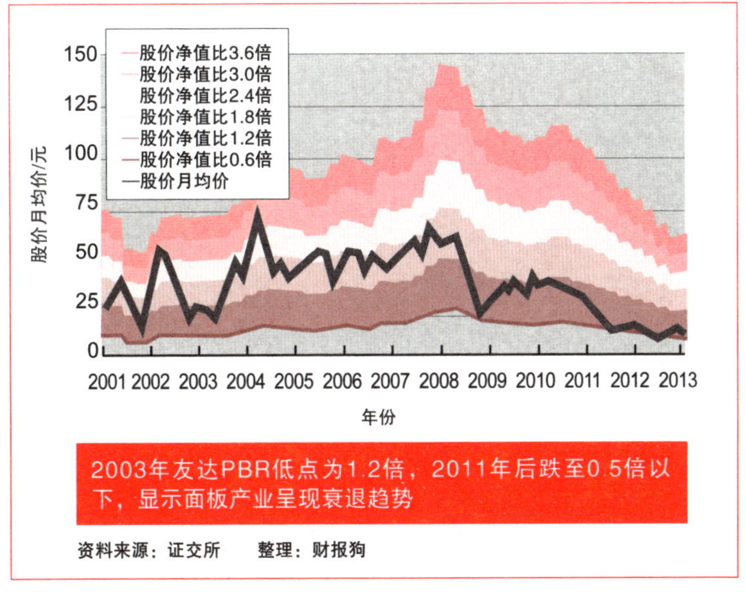

图 3–2–6　当产业步入衰退，股价净值比逐年下降——友达（2409）股价净值比、股价月均价

当公司的股价净值比持续衰退时，其实就代表着整个产业是持续衰退的，所以当然不建议大家用股价净值比操作正在衰退之中的股票，因为股价的低点你永远抓不到。

3-3 用股利折现评价找到合理买点

若公司的获利稳定或是逐渐成长，除了适合用本益比来判断合理股价，对于一般投资人而言，更保险的做法，是使用股利折现评价判断合理股价。

当每股盈余越高，本益比就越低，股价看起来越便宜；但是，本益比的盈余，都是摸得到的现金吗？会不会只是纸上富贵？如果公司看起来每年都有盈余，但实际上现金却是年年流出，还会有钱配发现金股利给股东吗？倘若每年都发不出现金股利给股东，这家公司的投资价值，就必须打个折扣了。

为了解决这个问题，我们要回归现金的角度，从每年配发的现金股利来衡量公司的合理股价。首先，我们假设投资人将会持有股票 8 年的时间，每年都有领现金股利，8 年后再将股票卖出。那么，投资人领到的现金股利，以及 8 年后的卖出价，以某个折现率折现至今并加总，就是公司合理的买进价位了（详见图 3-3-1）！

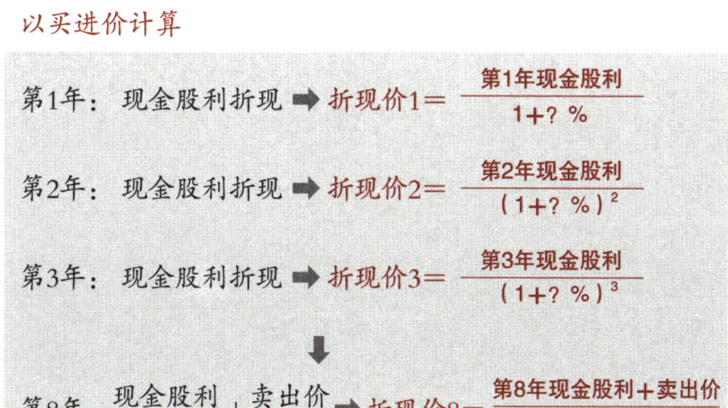

图 3–3–1　从未来 8 年现金股利与卖出价算合理股价

图 3–3–1“？”的部分就是股利折现率，也就是我们要求的年化报酬率。如果我们预期的报酬率为每年 10%，那么就把“？”的部分用“10”代入，即可算出合理的买进价位喔！这就是股利折现评价的公式了，并不难，是吧！

范例

假设我们预期某只股票未来 8 年每年的现金股利固定为 2 元，8 年后的股价为 40 元。在我们希望持有某只股票 8 年年化报酬率为 10%（15%）的状况下，合理买进股价为 29.29 元（22.01 元）。

	预期报酬率 10%	预期报酬率 15%
折现价 1	1.81	1.73
折现价 2	1.65	1.51
折现价 3	1.5	1.31
折现价 4	1.36	1.14
折现价 5	1.24	0.99
折现价 6	1.12	0.86
折现价 7	1.02	0.75
折现价 8	19.59	13.72
合理买进价	29.29	22.01

注：单位为元　　整理：财报狗

不过，股利折现评价复杂的地方不是在公式，而是在假设。因为，把公式实际套用到台股，就要按每只股票的获利状况，去预测未来的状况。譬如，往后 8 年的现金股利该怎么评估？ 8 年后的股价怎么算？我们在进行股利折现评价的假设时，依据的标准如下：

股利折现评价依据标准

预期 ROE ＝过去 20 季近 4 季 ROE 平均值

预期现金股利发放率＝过去 5 年现金股利发放率平均值

本期每股净值＝上期每股净值＋（上期 EPS －上期现金股利）

本期 EPS ＝预期 ROE× 本期每股净值

本期现金股利＝本期 EPS× 预期现金股利发放率

第 8 年 EPS ＝预期 ROE× 上期每股净值

预期本益比=过去 5 年共 20 季的平均值

预期卖出价=第 8 年 EPS× 预期本益比

头晕了吗？别害怕，这些公式太严肃了，对做学问有浓厚兴趣的，可以自己思考看看；对以上公式没兴趣的投资人，只要抓住以下两个重点就好：

重点 1　预期 ROE =过去 20 季近 4 季 ROE 平均值

也就是说，我们预期这家公司未来 ROE，会循着过去的模式继续前进。因为过去 ROE 稳定的公司，我们也期待未来 8 年会保持稳定；过去 ROE 稳定成长的公司，也预期它可以持续成长。

那么，过去 ROE 忽高忽低，一年赚钱一年亏损的话呢？这种公司就不符合我们的假设了，我们无法用它过去的 ROE 来推测未来的 ROE。所以切记，股利折现评价法与本益比法一样，同样只适用于获利稳定的公司，并不适用于获利大起大落的公司。

重点 2　预期卖出价=第 8 年 EPS× 预期本益比

我们假设投资人第 8 年会卖出股票，所以第 8 年的卖出价就会是公司当年的 EPS 乘上预期本益比。而预期本益比，就是这家公司过去 5 年来（共 20 季）的本益比平均值。

由于公司未来的本益比可能下降（由高成长产业逐渐转变为成熟型产业），所以我们设定最高的预期本益比为 12 倍。也就是说，若某家公司的过去 5 年平均本益比超过 12 倍，则以 12 倍替代。

报酬率设定在10%~15%之间，才是合理买进点

这是大部分人的问题：我是要在报酬率5%时买进？还是10%？还是20%呢？根据投资股票年收益率应高于银行定期存款年利率的原则，我们要求投资股票的报酬率一定要高于5%，否则干脆把钱全部丢到银行就好了。

那么，应该比5%高多少呢？我们会采取安全边际，也就是当我们判断错误时，设定一个范围来保护资金。通常，安全边际会取5%~10%，所以我们要求的报酬率就是10%~15%。

理论到这里告一段落，接下来开始教你实际应用在股票选择上。先来看几个例子。

你有去过零售宝雅（5904）买过东西吗？它也是一家上市公司，宝雅可以说是近年来吹起平价经济风的受惠者，从南向北快速扩展开店，2013年3月，总店数已达76家。除了营收持续增加外，也由于进货量不断提升，同时与供货商的议价能力逐渐提高，得以不断压低成本。近年来，更切入自有物流，2012年年底覆盖率已经达到40%，2013年年底达到80%，毛利率进一步提升。

在营收与净利率持续上升的状况下，从2008年到2012年，宝雅的EPS也越垫越高，股价从不到30元起涨，并一路创新高（详见图3–3–2），2012年3月一度登上百元大关。

接下来看宝雅的股利折现评价（详见图3–3–3）。宝雅在2008年出现过两次股利折现率大于15%的买进点，2009—2011年也都有出现股利折现率至少10%的买进时机。这几次

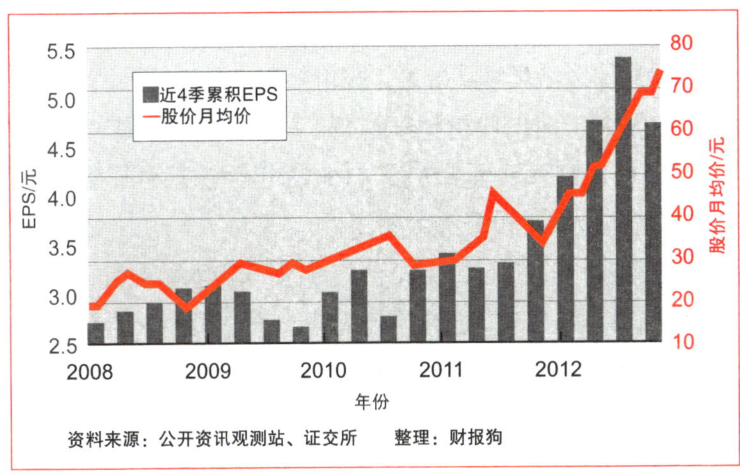

图 3-3-2　宝雅营收、净利持续上升　EPS 越垫越高——宝雅（5904）近 4 季累积 EPS、股价月均价

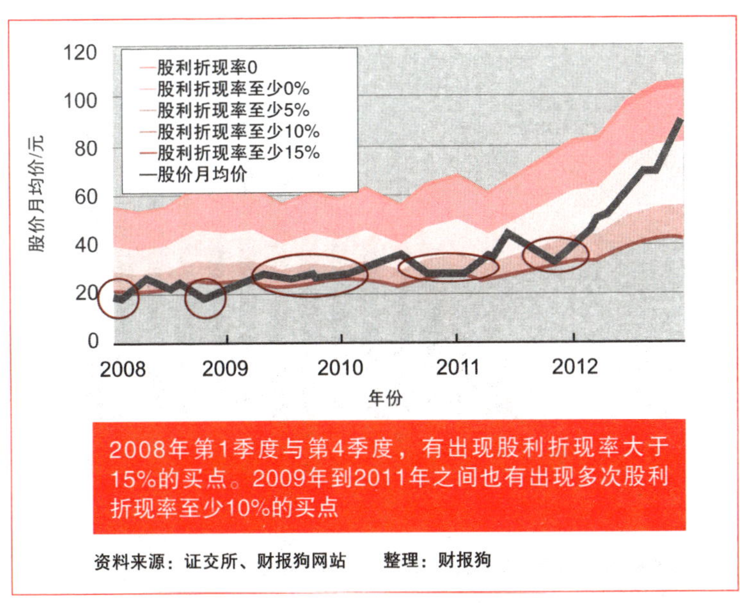

图 3-3-3　宝雅自 2008 年来数度出现股利折现率大于 10% 的好买点——宝雅（5904）股利折现率、股价月均价

买进点的出现，并非因为公司获利大幅衰退或遇到什么麻烦，而是因为总体经济环境状况差，股价随着大盘一起回调所致。

但是随着宝雅的股价越来越高，从2012年第2季度买进，股利折现率只剩下“至少5%”，2013年年初甚至降到“至少0”，也就是代表股价已经太贵了。

再来看另一个例子，中国台湾地区的保健食品大厂葡萄王（1707）。葡萄王不但拥有品牌优势，子公司葡众更是台湾地区第一大直销品牌，产品需求稳定。

此外，由于葡萄王各项产品的市场占有率都很高，拥有台湾地区最大的发酵槽产能，因此能够将成本压低，享有规模优势。2008—2012年营收成长达90%，税后盈余成长超过2倍，股价也随之大幅上涨约3倍（详见图3-3-4）。

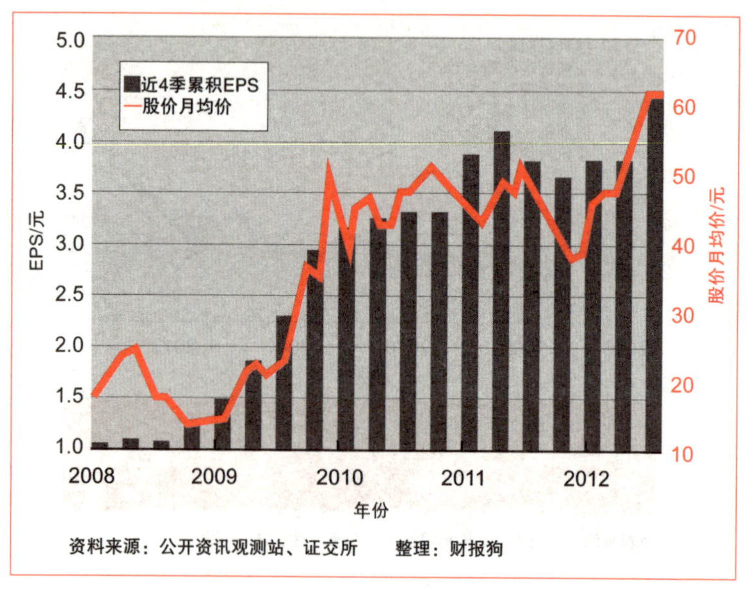

图3-3-4　葡萄王2009年后获利明显提升，股价大涨3倍——葡萄王（1707）近4季累积EPS、股价月均价

接下来看葡萄王的股利折现评价（详见图 3–3–5）。葡萄王在 2008 年与 2010 年各出现过一次股利折现率大于 10% 的买进点，2011 年则出现了一次股利折现率大于 15% 的买进点。

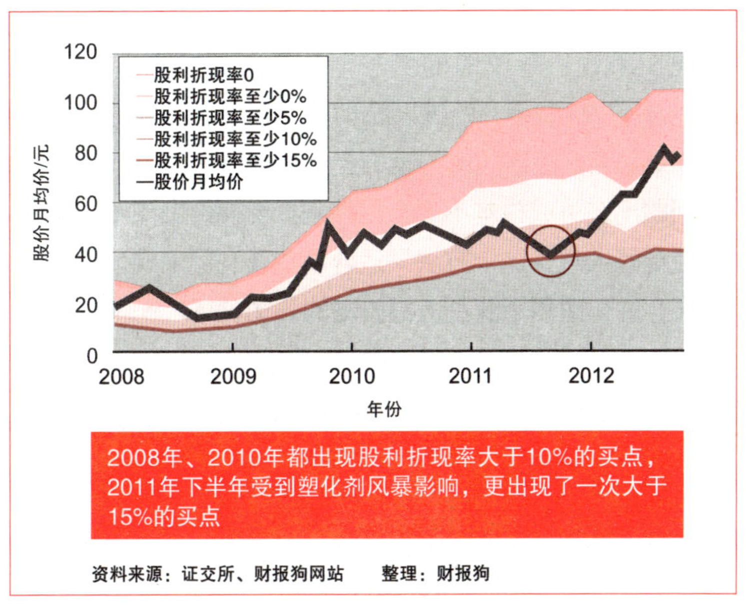

图 3–3–5　塑化剂风波让葡萄王出现股利折现率大于 15% 的好买点——葡萄王（1707）股利折现率、股价月均价

葡萄王为何在 2011 年出现大于 15% 的买进点呢？这是因为当时台湾出现了塑化剂风暴，新闻大肆报道保健食品含有不少塑化剂，导致保健食品滞销，葡萄王的业绩也受到不小影响。不过大家知道，很快现在已经没有多少人记得塑化剂是什么了，葡萄王的股价也持续创下历史新高。

获利起伏过大的股票，不适合采用股利折现评价

现在来看一个反面的例子，苹果金属机壳供货商可成（2474），在2012年开始进入股利折现率大于15%的状态（详见图3–3–6），随后可成的股价还是持续滑落，为什么呢？其实，问题出在可成根本不适合用股利折现评价来操作，本文开头已经提醒大家，这个方法只适合用在获利稳定或是稳定成长的公司，并不适用于获利大幅波动的公司。

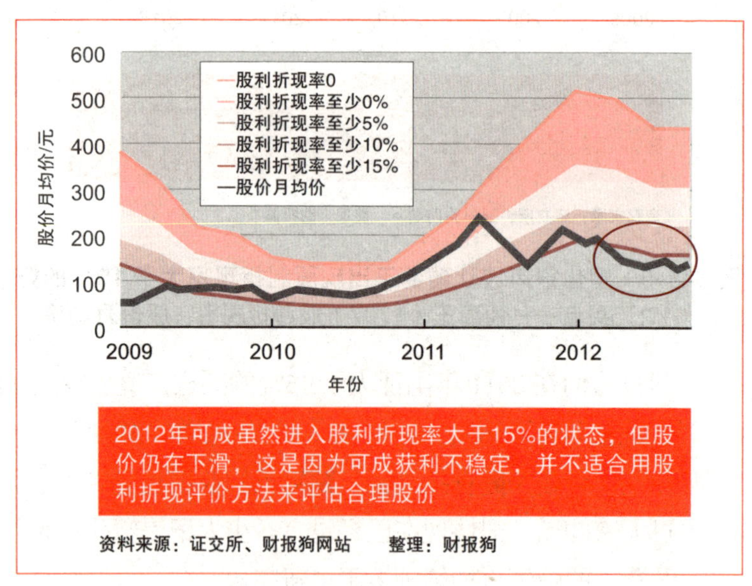

图3–3–6　2012年可成股利折现率达15%　但股价却一路下滑——可成（2474）股利折现率、股价月均价

2010 年之前，可成每季 EPS 大约 1 元钱，2010 年起切入苹果 NB 与宏达电手机供应链，营收与获利开始暴涨，高峰时期最多一季 EPS 有 5 元。但随着苹果 NB 与宏达电手机因销售不佳而不断降低出货量，可成的获利也开始大幅下滑（详见图 3–3–7）。

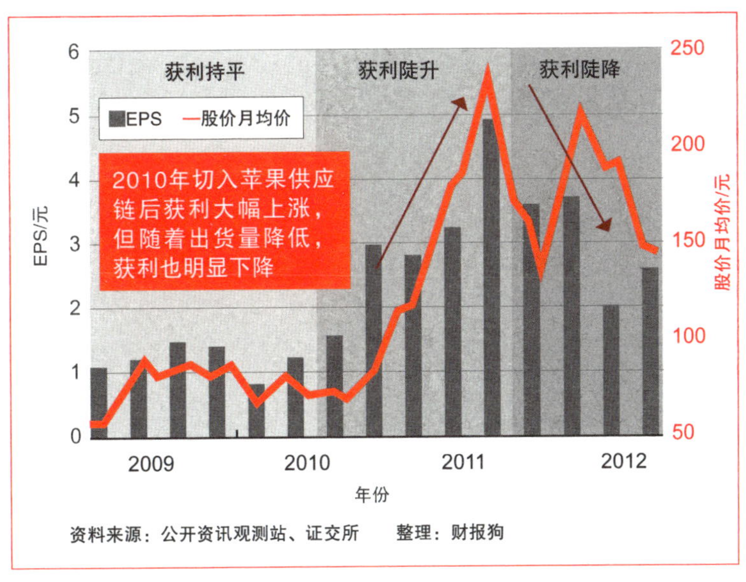

图 3–3–7　可成出货量降低，冲击获利——可成（2474）EPS、股价月均价

清楚了吗？股利折现评价是相当实用的评价工具，但并不是万能的，只适用于获利稳定的公司！

最后再次强调以下几点：

①获利稳定的公司，适合用本益比法或是股利折现评价来判断公司的合理股价，其中股利折现评价又比本益比法更好，因为是从投资人回收现金的角度出发，避免公司表面上赚大

钱，实际上却没有现金给股东的状况。

②考虑长期利率成本与安全边际的情况下，股利折现评价的合理报酬率为 10% ～ 15%。

③股利折现评价只适用于获利稳定的公司，获利起伏过大的公司并不适合用股利折现评价法来评估，切记！

成长性分析：紧盯营业收入、净利润，不错过赚钱契机

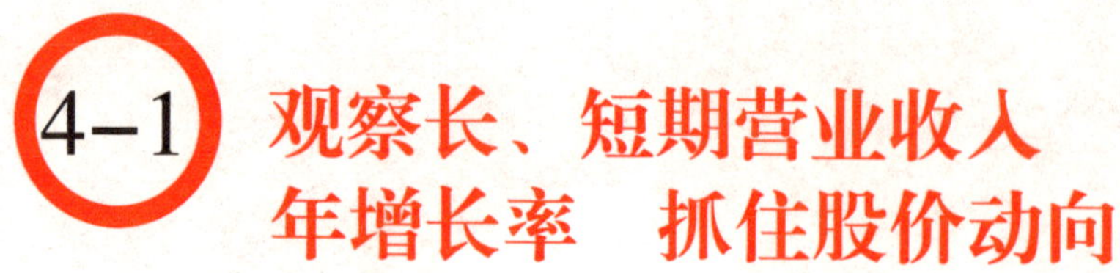

4-1 观察长、短期营业收入年增长率 抓住股价动向

将获利性与安全性都表现不错的公司，放到长期观察名单，等待合理股价出现，就可以考虑买进。当然，如果发现此时公司的运营刚好出现成长动能，将会更理想。

季报、年报信息延迟，月营收较快判断成长力

要快速、实时地判断公司的成长动能，必须采用月营收年增率；但是营收成长也不保证获利一定成长，所以我们还需要搭配净利年增率这个指标，这样就可以清楚地掌握公司的营运成长性了。

财务指标中，业绩成长性绝对与股价走势的关系最紧密。

毛利、营业利润、净利等数据只有在季报、年报才有。因为信息延迟，如果要等到财报公布才能知道公司的业绩，为时已晚。

因此，若在季报、年报还没有公布的期间，想一窥企业的经营成果，每月 10 日之前公布的营收提供了最实时的信息，这也是最快能观察公司业绩成长性的数据。

衡量营收成长性的方式，按时间单位的不同，分为月成长、季成长、年成长三种，其中，又以年成长为主要依据。

营收成长率公式

月成长：

营收月增率＝（当月营收 ÷ 上月营收－1）×100%

季成长：

季营收季增率＝（当季营收 ÷ 上季营收－1）×100%

年成长：

月营收年增率＝（当月营收 ÷ 上一年同月营收－1）×100%

留意月增率、季增率易随淡旺季变化，避开假成长迷思

一般公司的营运，或多或少都有大小月、淡旺季之分，如圣诞节和跨年假期的赠礼需求，第 4 季度通常为消费性电子产品的旺季；中国人则是有农历过年的传统，使得 1—2 月通常为食品内需的旺月。

就算公司业绩年年持平零成长，大月、旺季的营收获利仍会高于小月、淡季，因此我们并不能称之为真正的成长。

了解月成长、季成长并非真正成长性之后，我们就能避开许多假成长的迷思：

迷思 1：个股的营收月增率大增，是买入个股的好时机？

正解：业绩有淡旺月之分，营收月增率与股价关联低。

个股的营收月增率常成为媒体关注的焦点，只要月增率大增，媒体就会争相吹捧个股业绩。但很可惜的是，这是没什么意义的数据，我们用联发科（2454）和仁宝（2324）作为范例来说明。

先来看看联发科的营收月增率和股价走势，长期来看，股价和月增率实际上并无太大关联。例如，2009 年 4—6 月连续 3 个月营收都较上个月衰退，股价却反而不断往上升；2010 年 7—8 月，单月营收都较上个月成长不少，但是股价却反向下跌（详见图 4–1–1）。

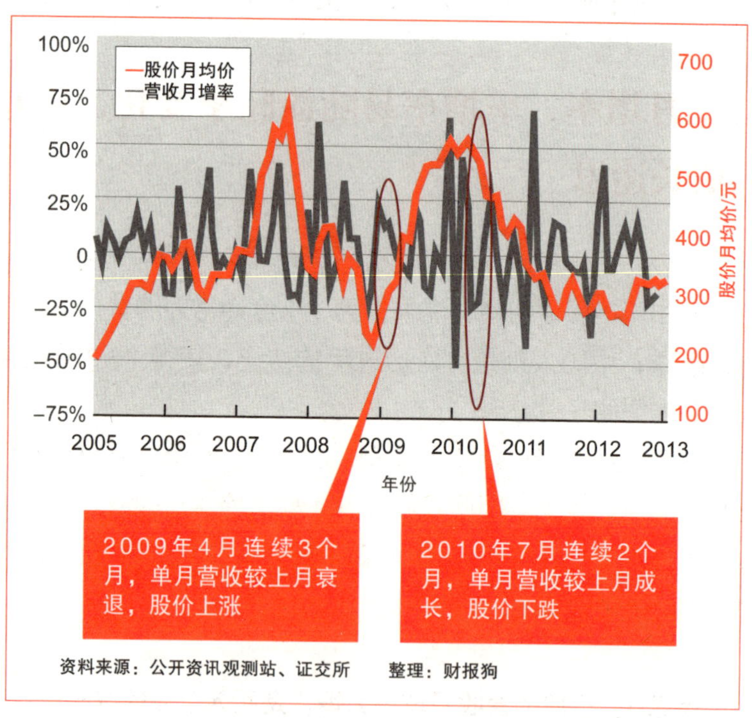

图 4–1–1　联发科营收月增率与股价联动低——联发科（2454）营收月增率、股价月均价

再看仁宝的营收月增率和股价走势，2008 年 7 月、9 月、12 月营收都较上个月成长，股价倒是不断跌破创新低。2011 年 3 月以及 2012 年 2 月，营收月增率分别冲高到 50% 和 30% 以上，股价仍然下跌（详见图 4-1-2）。

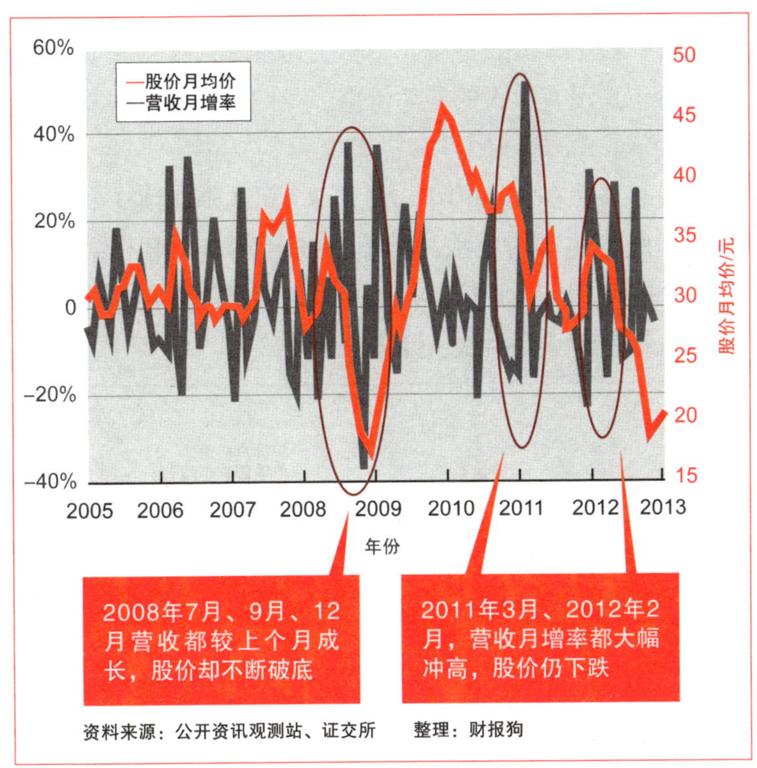

图 4-1-2 仁宝营收增长，但股价却持续走低——仁宝（2324）营收月增率、股价月均价

所以，我们要强调：营业收入是有季节性的。将收入淡的月份和收入旺的月份相比，不能显示出个股的长期获利能力。

迷思 2：个股的单季营收较上一季成长许多，是买入个股的好时机？

正解：营收有季节性差异，营收季增长率与股价关联低。

同样地，每当季报公布后，媒体常会大肆宣扬某某个股的获利表现，较上季成长许多。事实上，单季营收“季成长”，对于股价也是没有太大的参考价值。我们同样再以联发科和仁宝举例如下。

联发科虽然在 2005 年第 2、第 3、第 4 季连读 3 个季度营收增长，股价也同时上涨。但是 2008 年第 2 季度和第 3 季度连续两个季度增长，股价却无情回跌；同样单季营收较上季增长，股价却有时涨有时跌（详见图 4–1–3）。

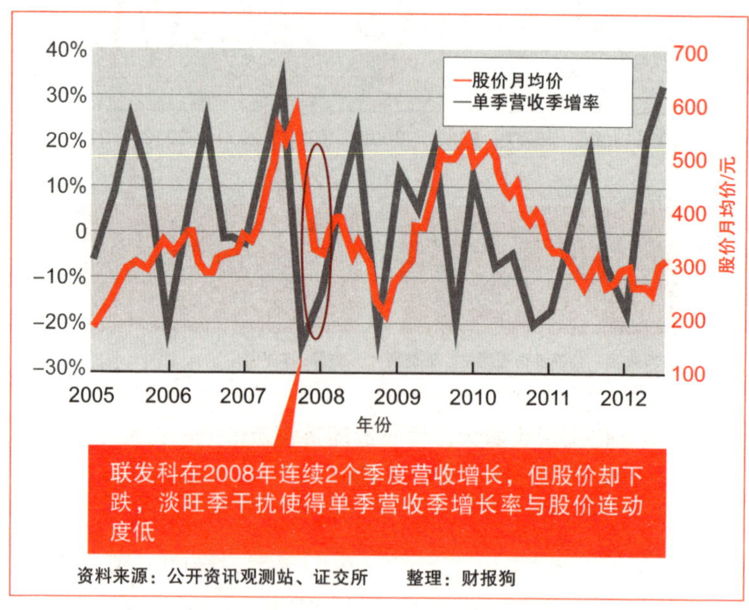

图 4–1–3　受淡旺季干扰，联发科营收季增率与股价联动低——联发科（2454）单季营收季增率、股价月均价

仁宝 2006 年第 2、第 3、第 4 季连续 3 个季度营收较上季成长，股价还是走跌；2009 年第 2、第 3、第 4 季单季营收都较上季成长，这次股价却是上涨（详见图 4–1–4）。

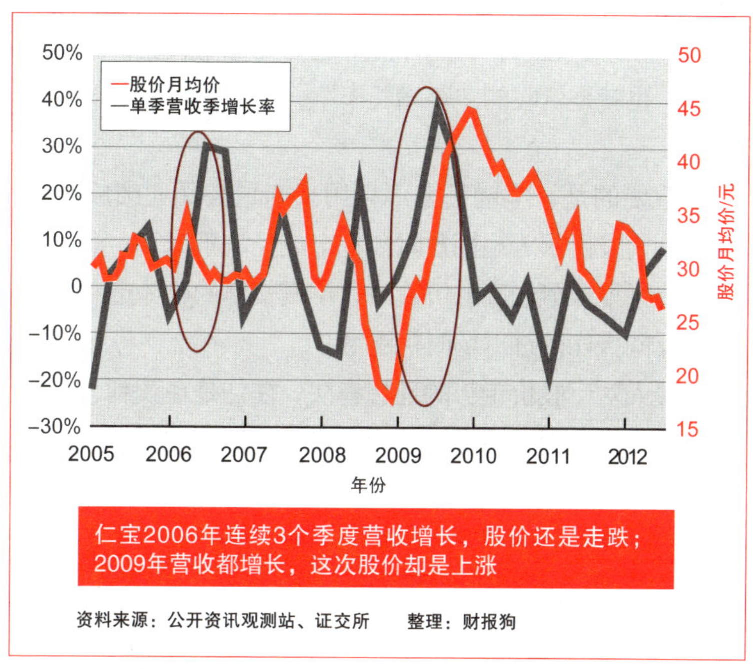

图 4–1–4　仁宝营收季增长率与股价无关联性——仁宝（2324）单季营收季增长率、股价月均价

亲爱的朋友，下次再听到单季营收较上季大涨时，你还要跟着买进还是卖出呢？请记住：营业收入是有季节性的，不要再相信那些没有意义的吹捧了。

年增长率走势是衡量营收成长性的最佳指标

若要判断公司业绩是否真的增长了，只有今年的淡月、淡季高于去年同期的淡月、淡季，或是今年的旺月、旺季高于去年同期的旺月、旺季，我们才能称之为真正的成长，因此“年成长”，也就是营收的“年增长率”，才是最好的成长性衡量指标。

更重要的是，年增长率不只用来衡量公司业绩成长的高低，当公司股价因为短期暂时性利空或经济不景气，而来到风险较低、预期报酬较高的价位时，年增长率的趋势走向更能作为我们反向操作的进退场时机参考。

一般人对于股价走势的理想看法，往往是在获利、成长时买进；亏损、衰退时卖出。然而，实际的情况往往如下（详见图 4–1–5）。

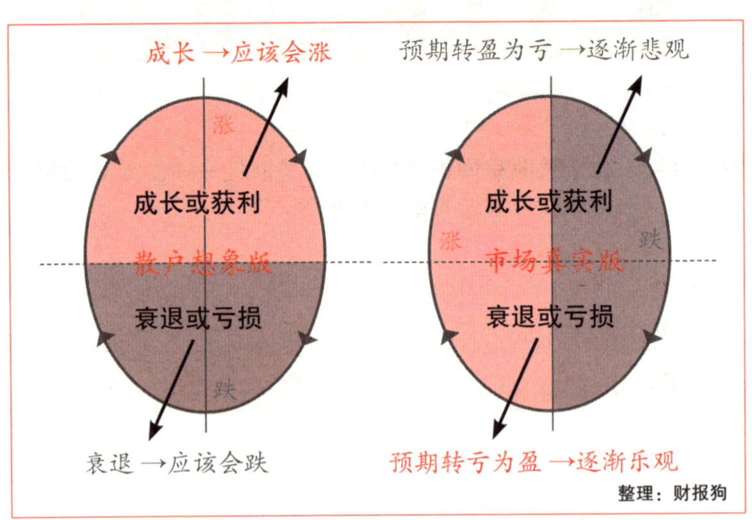

图 4–1–5　业绩如何影响股价

①当公司亏损或衰退越来越少时，股价已开始反映上涨。

②当公司获利或成长越来越低时，股价已开始悄悄下跌。

我们以联发科营收年增长率和长期股价做个比较（详见图 4–1–6），即可明白此现象：

①股价对营收年增长率的敏感性，远高于月增长率、季增长率。

②以过去 10 年来看，股价往往是在“营收仍在成长，但成长幅度开始减缓时”就开始反映下滑；反过来看，股价也往往是在“营收仍在衰退，但衰退幅度开始减缓时”开始转而上涨。

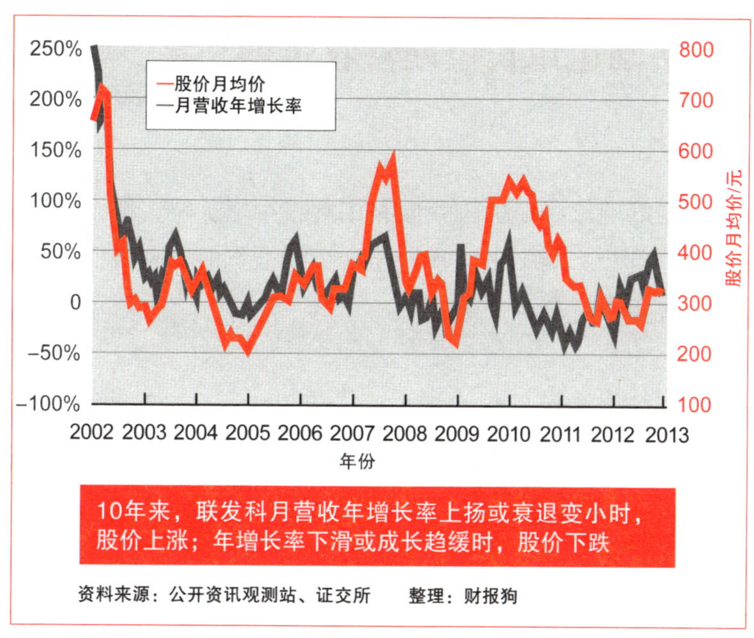

图 4–1–6　联发科月营收年增长率与股价走势联动度高——联发科（2454）月营收年增长率、股价月均价

为什么会有这样的现象呢？其实是因为投资人在估计公司成长性时，往往过于乐观，以为公司成长能够无限上升，因此争相追捧，使得本益比远高于合理水平。

一旦成长不如预期，大家就会了解此本益比水平被高估，卖压出笼，导致股价下跌。

反过来看，当公司亏损或衰退时，散户乃至金融圈往往过于悲观，以为公司衰退会持续扩大，因此在无人青睐下，市场给予的本益比往往低于应有价值，这就是股价超跌的原因。但当大家发现衰退不如预期严重，就会了解此本益比水平被低估，又开始转为买进，导致股价上涨。

两大法则运用长短期营收年增长率，判断投资时机

以上的现象可以引领我们利用营收年增长率，作为投资切入时机的判断。接下来，我们要介绍财报狗的独家指标——长短期营收年增长率。

短期营收年增长率：

近3月累计营收年增长率＝（近3个月累计营收 ÷ 上一年同期3个月累计营收 –1）×100%

长期营收年增长率：

近12月累计营收年增长率＝（近12个月累计营收 ÷ 上一年同期12个月累计营收 –1）×100%

法则 1 在股价相对企业价值被低估，并拥有足够安全边际（编按：股票价格低于价值的程度。当安全边际越大，代表买进价格的风险越低）的前提下，当短期营收年增长率由下转为在长期营收年增长率之上，可视为业绩成长动能增温，应由空翻多，反向看好。

法则 2 股价相对企业价值高估时，短期营收年增长率由上转为在长期营收年增长率之下，可视为业绩成长动能降温，应由多翻空，反向看坏。

以宏达电（2498）2003—2012 年的变化为例，若能搭配观察本益比，以及长短期营收年增长率反映出的成长动能，可掌握到两次波段涨幅，并避开股价下滑的危机。

第一次是在 2004—2005 年年初以 140~220 元进场，2006 年年初以 670~800 元价位出场，累积报酬率可达 2~4.7 倍。第二次则是在 2009 年年末以 350~400 元进场，2010 年年末到 2011 年年初约以 900 元价位卖出，累积报酬率也可达 1 倍以上。操作范例如下：

宏达电操作范例——第 1 战

时间：2004—2005 年年初

观察重点：

1. 短期营收年增率持续上扬，并持续高于长期营收年增长率，显示业绩成长强劲

2. 本益比 10 倍，遭低估

投资决策：140 ~ 220 元进场

安全的投资，必须确认股价相对于企业价值有足够安全边际，观察宏达电于2004—2005年年初，本益比达到了10倍上下（详见图4–1–7），对于盈余年成长动辄高达20%的宏达电，实在低估不少。

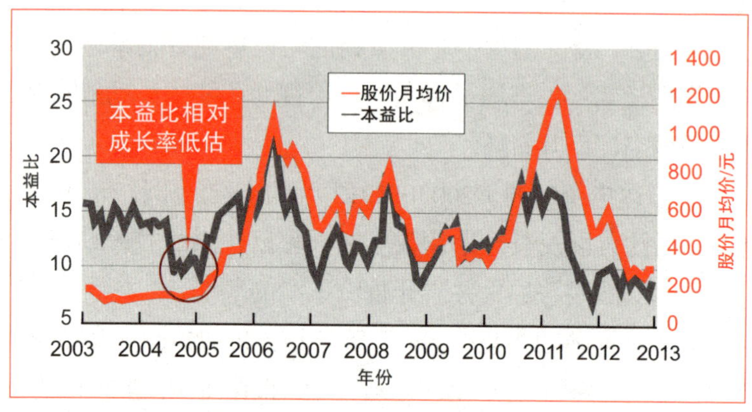

图4–1–7　宏达电2004—2005年本益比仅约10倍——宏达电（2498）本益比、股价月均价

同时观察长短期营收年增长率走势。营收年增长率从2003年触底回升，2004年后短期营收年增长率持续上扬，且持续在长期营收年增长率之上，显示业绩成长强劲（详见图4–1–8）。

在确认本益比低估、营收成长趋势持续向上的状态后，投资人在这段时间以140~220元价位进场，可持续享受股价伴随着业绩成长与本益比推升的双重上涨动能。

时间：2006年年初

观察重点：

1. 短期营收年增长率持续下滑，并向下穿破长期营收年增长率，显示营收成长动能开始趋缓

图 4-1-8　宏达电 2004—2005 年短期营收年增长率持续在长期年增长率之上——宏达电（2498）长短期营收年增长率

2. 本益比 17 ~ 20 倍，风险偏高

投资决策：670 ~ 800 元出场

随着宏达电的价值被市场发现，股价不断被推升，2006 年年初已来到本益比 17~20 倍区间，此时股价已无安全边际、风险偏高（详见图 4-1-9）。

同时观察宏达电长短期营收年增长率走势：短期营收年增长率于 2005 年下半年反转下滑，到 2006 年 1 月我们确认，短期营收年增长率向下穿破长期营收年增长率，显示营收成长动能开始趋缓（详见图 4-1-10）。

投资人如果能依本益比和长短期营收年增长率作为参考，就能够在 670 ~ 800 元价位区间出场，避开之后业绩成长快速趋缓与本益比修正的双重下跌压力。

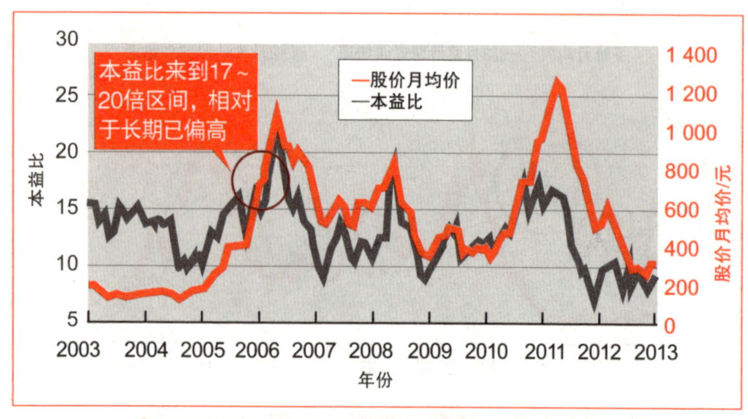

图 4-1-9　宏达电 2006 年本益比达 17 ～ 20 倍——宏达电（2498）本益比、股价月均价

图 4-1-10　宏达电 2006 年短期营收年增长率持续在长期年增长率之下——宏达电（2498）长短期营收年增长率

宏达电操作范例——第 2 战

时间：2009 年年末金融风暴后

观察重点：

1. 短期营收年增率回升，并向上穿越长期营收年增长率，且持续保持在上方，显示营收成长力道转强

2. 本益比 10 ~ 12 倍，遭低估

投资决策：350 ~ 400 元进场

金融风暴的大恐慌，使得整体股市价格大幅修正。宏达电本益比在 2009 年又回到了 10 ~ 12 倍的较低本益比水平（详见图 4-1-11）。

图 4-1-11　宏达电 2009 年重返 10 ~ 12 倍低本益比——宏达电（2498）本益比、股价月均价

同时，我们观察长短期营收年增长率走势。宏达电的营收年增长率从 2009 年年末回升，2010 年后短期营收年增长率持续上扬，且持续在长期营收年增长率之上，显示业绩成长开始增强（详见图 4–1–12）。

图 4–1–12 宏达电 2009 年后短期营收年增长率再度站在长期年增长率之上——宏达电（2498）长短期营收年增长率

再度确认本益比低估，且营收成长趋势持续向上，在这种情况下，投资人在此时以 350 ~ 400 元价位介入，再度享受股价伴随着业绩成长与本益比推升的双重上涨动能。

时间：2010 年年末至 2011 年年初

观察重点：

1. 短期营收年增长率反转下滑，并向下穿破长期营收年增

长率，且持续下滑，显示营收成长力道趋缓

2. 本益比 17 ~ 19 倍，风险偏高

投资决策：900 元左右出场

同样地，随市场快速大涨，宏达电股价在散户与法人的追捧下，不断被推升，2010 年年末至 2011 年年初已来到本益比 17 ~ 19 倍区间，此时股价已毫无安全边际、风险偏高（详见图 4-1-13）。

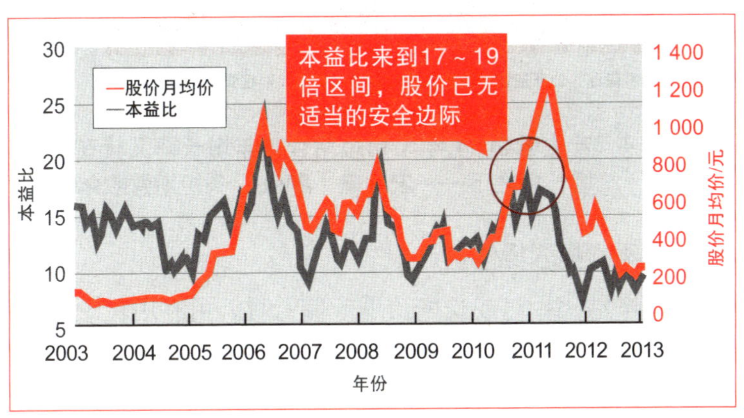

图 4-1-13　宏达电 2010 年年末本益比达 17 ~ 19 倍，风险较高——宏达电（2498）本益比、股价月均价

同步观察宏达电长短期营收年增长率走势。短期营收年增长率于 2011 年 3 月开始反转下滑，到了 5 月，确认短期营收年增长率在长期营收年增长率之下，显示营收成长动能开始趋缓（详见图 4-1-14）。

投资人如果能依本益比和长短期营收年增长率作参考，应会在 900 元左右出场，避开了之后业绩成长快速趋缓与本益比修正的双重下跌压力。

图 4–1–14 宏达电 2011 年年初短期营收年增长率又转在长期年增长率之下——宏达电（2498）长短期营收年增长率

最后再次提醒操作重点：

①在本益比相对成长率合理或偏低时，可利用长短期营收年增率作为投资切入时机的依据。

②当短期营收年增长率向上穿越并处于长期营收年增长率之上时，可视为业绩成长动能增温、投资看好的依据。

③当短期营收年增长率向下穿破并处于长期营收年增长率之下时，可视为业绩成长动能降温、投资看坏的依据。

4-2 从净利润年增长率确认获利确实成长

高营收成长率，就是公司高获利的保证吗？买进高营收成长股，就真的万无一失了吗？No！No！No！当然不是。

借用电影《甜心先生》中的经典台词："Show me the money！（我要看现金）"在观察公司获利时，投资人也应该大喊："Show me the profit！（我要看利润）"管你公司有多夯实、前景多吸引人、老板的成长史多让人动容，若没有利润，一切都是假的。

因此，虽然前一章提到，当公司营收动能成长时，股价往往有转机，但我们要再次强调，除了营收之外，利润比率的走势变化也不能忽视。如果某家公司的营收成长，最终都无法体现在利润上，那么投资人第一次可能被骗，之后可千万别上当。

我们以图 4-2-1 做个比喻。公司的营收就像水的源头一般，源头的水量庞大充沛，下游能享受到的水量（净利）自然也会多。但是上游的水要流往下游时，途中却还有层层筛网阻碍，也就是成本和费用。过高的成本和费用，就像是密不通风的筛网，大部分的收入水源都在途中流失了，只有少少的利润往下游流去。

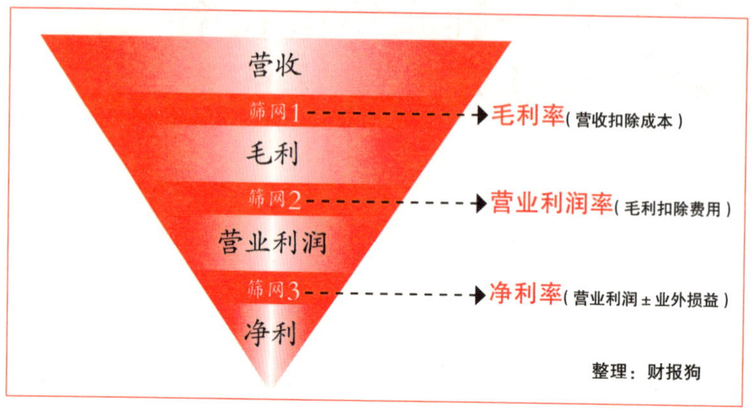

图 4-2-1　营收扣掉成本与费用后剩下的净利才是真正的利润

就算源头（营收）水量大增，若途中的筛网被污泥淤积（成本费用增加），最后下游享受到的利润可能不增反减。所以我们还得关心公司利润率、毛利率、营业利润率、净利率的状况才行。

营收和利润率走势相反，直接看净利年成长趋势

公司的盈余，同时受营收和利润率两者的影响。若公司的营收大增，但利润率下滑，例如公司短期以降价争取市场占有率，或是增加广告费用刺激销量，我们如何了解公司最终盈余是成长的还是衰退的呢？答案很简单，直接看看最后下游的剩余水量——最终盈余是成长的还是衰退的：

①营收成长幅度＞利润率下滑幅度→盈余成长终究会上升。

②营收成长幅度＜利润率下滑幅度→盈余成长终究会下滑。

盈余成长虽然因季报、年报较晚公布，得过一段时间才能知晓，却是不能不追踪确认的重要数据。通过盈余成长性的确认，我们才能了解营收的成长究竟对公司是否有帮助。如果营收成长，却牺牲了过高的利润率使盈余衰退，我们就得重新评估，甚至避开这样的公司。

因此，当营收年成长趋势和利润率相反时，必须以净利年成长趋势作为最终的成长性判断。判断法则如下：

法则 1　单季净利年增长率高于近 4 季净利年增长率→盈余成长动能增强，可加码布局。

法则 2　单季净利年增长率低于近 4 季净利年增长率→盈余成长动能转弱，可减码或观望。

营收年增长率成长但净利年增长率衰退，股价仍下滑——以新日兴为例

观察新日兴（3376）2010—2011 年的营收成长表现，我们发现一个有趣的地方。2010 年下半年后，月营收年增长率衰退逐渐减少，2011 年上半年转为正成长且年增长率不断攀高，但为什么股价却是反向不断破底呢（详见图 4-2-2）？当时凭营收成长而进场的投资人，心里一定感到莫名其妙。

图 4-2-2　营收转正且不断攀高，股价却不断破底——新日兴（3376）月营收年增长率

但是看看利润比率以及净利年成长趋势对照，就一点都不惊讶了。毛利率从 2009 年第 2 季度的 35.31% 开始大幅下滑，到了 2011 第 4 季度只有 13.31%；净利率由 20.57% 向下俯冲到只剩 0.9%。净利率减少了 95.6% 的幅度（详见图 4-2-3），这代表营收得要成长 22.7 倍才能弥补！

没有意外，通过最后净利年增长率的确认，果然净利衰退，且单季净利年增长率转为在近四季净利年增长率之下，盈余衰退扩大（详见图 4-2-4）。

图 4-2-3 毛利率、净利率下滑幅度大——新日兴（3376）利润比率

图 4-2-4 净利年增长率持续衰退，股价终究跟着走低——新日兴（3376）净利年增长率

还记得本文开头说的“Show me the profit！”吗？新日兴的最终获利不断衰退，股价跟着利润走一点也不意外。

毛利率下滑但3大利润率年增率转强，股价上扬——以宏达电为例

观察宏达电（2498）2009—2011年的营收成长表现，月营收年增长率在2009年12月重返成长并持续攀升（详见图4-2-5）；观察长短期营收年增长率，2010年2—3月时短期（近3月累计）营收年增长率也回到长期（近12月累计）营收年增率之上，营收动能有逐渐增温转强之势（详见图4-2-6）。

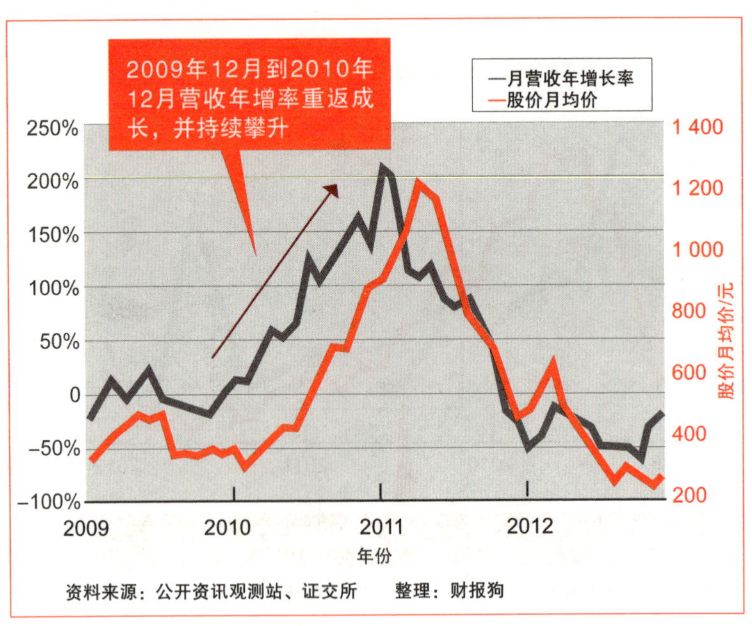

图4-2-5　2009年年底起月营收年增长率重返成长——宏达电（2498）月营收年增长率

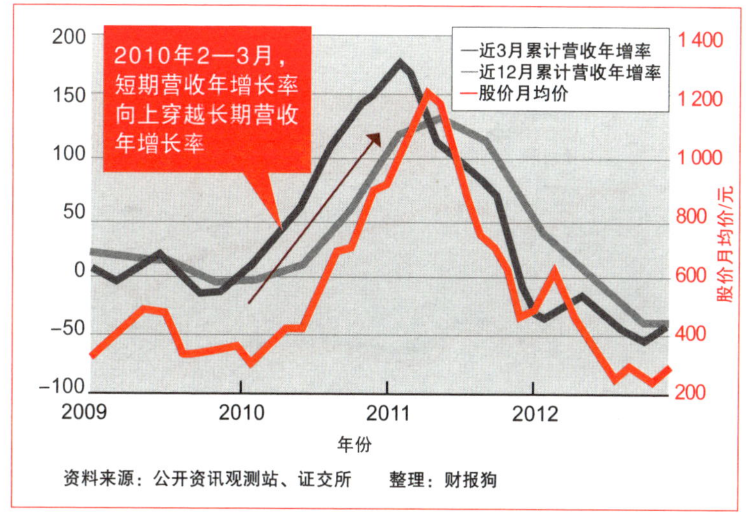

图 4–2–6　2010 年年初短期营收年增长率突破长期年增长率——宏达电（2498）长短期营收年增长率

但是当时外资以及报章杂志却出现杂音，对获利能否成长的看法产生分歧。原因是在 2010 年年初，宏达电开始生产毛利率较低的 Android 操作系统智能型手机，外资以及媒体认为毛利率下滑将影响获利，因此普遍低估宏达电的盈余成长。

如果投资人担忧宏达电的毛利率，那么最迟等到 2010 年 4 月底，公布 2010 第 1 季度的季报，疑虑即能完全消除。可以发现，宏达电的毛利率的确下滑（详见图 4–2–7）。但再进一步观察毛利、营业利润、净利 3 大盈余的年成长走势图，我们发现宏达电的全部盈余开始转为成长，且单季盈余年增长率转为在近 4 季盈余年增长率之上，显示盈余成长动能开始转强（详见图 4–2–8、图 4–2–9、图 4–2–10）！随着智能型手机和 Android 市场占有率的快速成长，宏达电搭着顺风车一路往上。因为营收成长太强劲了，对获利的影响远大于利润率的下滑，因此毛利、营业利润、净利仍然快速攀升。

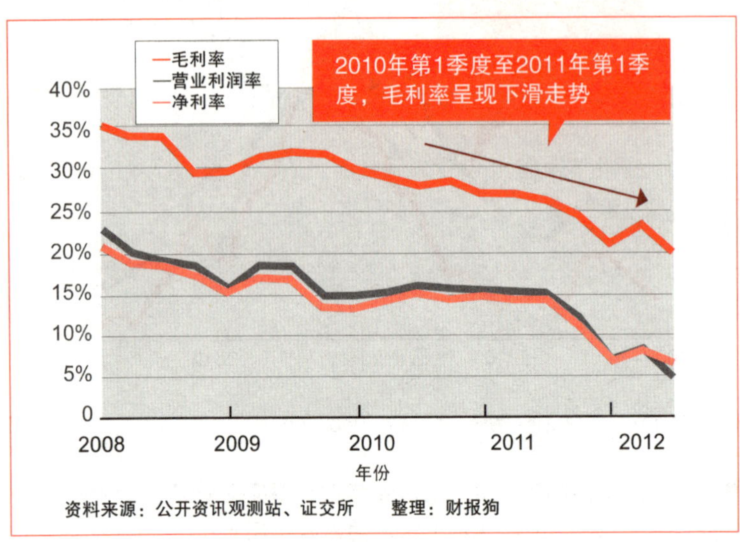

图 4-2-7　2010 年起毛利率呈现下滑走势——宏达电（2498）利润比率

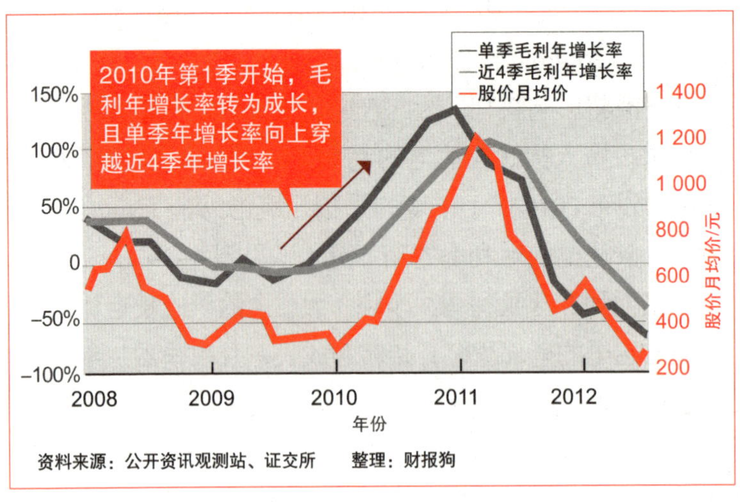

图 4-2-8　2010 年起毛利年增长率却呈现正成长——宏达电（2498）长短期毛利年增长率

图 4-2-9　2010 年起营业利润年增长率也转为正成长——宏达电（2498）长短期营业利润年增长率

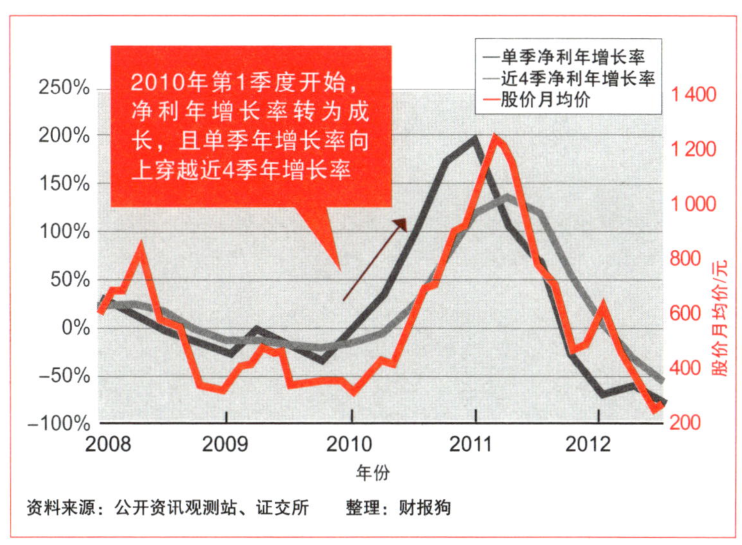

图 4-2-10　2010 年起净利年增长率也呈现正成长——宏达电（2498）长短期净利年增长率

谨慎的投资人就算在确认本益比、营收成长性，还有最新季报数据后才投入，当时的股价在 400 ~ 440 元，比照后来大涨至 1000 ~ 1200 元的高点，仍有丰盛的获利。

行业分析：搞懂公司赚钱原因 不怕买到人气退烧股

3 步骤找出未来 10 年能继续投资的产业

本书前四篇已经分别解析公司“获利性”“安全性”“价值评估”“成长性”的财报数字好坏，以及如何应用在投资的初步判断上。

但是，财报数字只是结果，本篇开始，将从行业分析的角度，分别去理解以上这四大财报数字的原因。如果不懂行业分析，只以财报分析当作后视镜，会无法评估公司未来的发展状况，投资成绩也会大打折扣。

行业分析的逻辑非常简单，先判断公司所属行业的发展性，再判断公司在行业中的竞争力。只要公司所属行业是持平或是向上成长的，再加上公司在行业中具有竞争力，能够把市场占有率维持住，甚至提高，就可以确定公司具备长期获利的能力了。

首先，要怎么确认产业在未来 10 年还能继续发展，值得我们做长期的投资布局？可通过以下 3 步骤来思考：

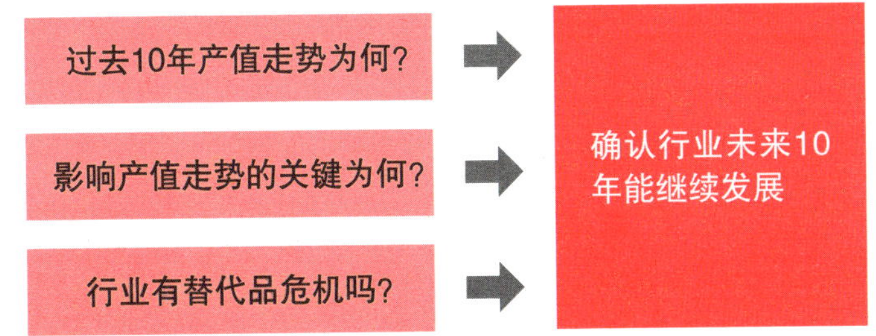

步骤 1　过去 10 年产值走势为何？

要推测未来，当然要先看过去。行业分析的第 1 步，就是要看行业过去 10 年的发展趋势。讲得简单，但数据要上哪里找呢？主要来源如下：

①公司年报。
②竞争对手、上下游公司的年报。
③证券研究报告。
④市场研究资料。

前两项的年报部分，只要上财报狗网站的财报分析页面，或是公开资讯观测站查询即可。至于研究报告，除了可以上网寻找，也可以向你的开户券商索取，券商一般都会有一组研究团队，专门负责行业研究与撰写研究报告。

不过我们要提醒大家，研究报告里的目标价完全不用理会，若真的准的话，研究员早就发财了，还要花这么多时间写研究报告吗？话虽如此，研究报告里面的行业分析部分，由于参考了众多付费数据库，还是相当具有参考价值的，建议大家可以广泛阅读。

从年报找出行业历史产值资料

举例，假设我们要研究农药厂兴农（1712）这家公司，就必须了解农药行业过去 10 年的产值走势。当我们查询了兴农的年报，发现里面并没有这些数据，但却可以在其竞争对手 F– 龙灯（4141）的年报里找到数据。

数据显示，农药行业从 2002 年的 251.5 亿美元成长至 2010 年的 383.15 亿美元（详见图 5–1–1），8 年累积成长率约为 52.3%，年复合成长率为 5.4%。很多人看到 5.4% 的行业成长率（即“年增长率”）会觉得不是很“兴奋”，但这样的成长率才是最“舒适”的。怎么说呢？因为一个行业的成长率

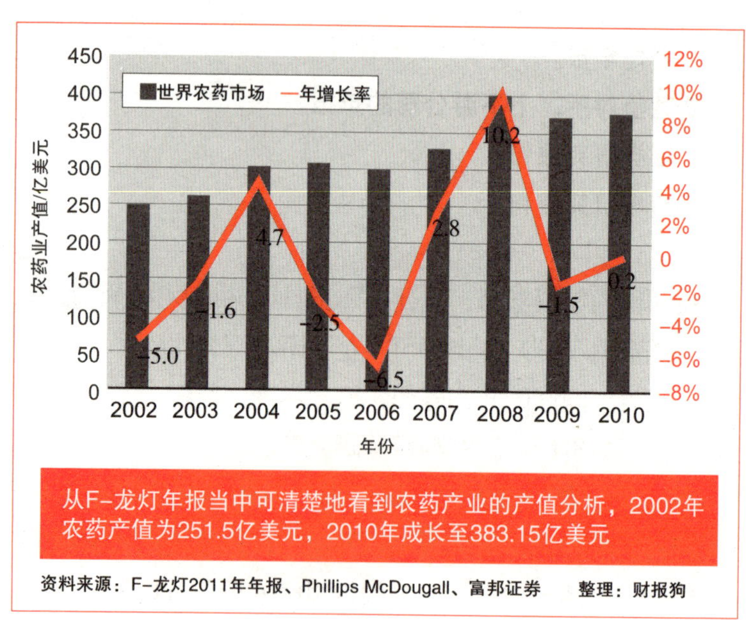

图 5–1–1　农药业产值逐年缓步增长——农药业产值、年增长率

若动辄超过 20%、30%，甚至 50%，一定会招来各路牛鬼蛇神争相投入这个行业，虽然整个行业的饼变大，但吃的人变得更多，到最后每个人都吃不饱。

以 LED 行业为例，2004 年以前，行业成长率动辄超过 30%，台湾 LED 晶粒龙头厂晶电（2448）的每股盈余（EPS）也维持在 4 元以上。然而好景不长，越来越多的厂商看到这块大饼后纷纷跳进来抢食，导致 LED 价格快速滑落，行业成长率快速滑落至 10% 左右（详见图 5–1–2）。由于各家厂能持续开出，竞争更趋激烈，每家 LED 公司的获利都在持续下滑，形成了饼越来越大，但每个人都吃不饱的状况。

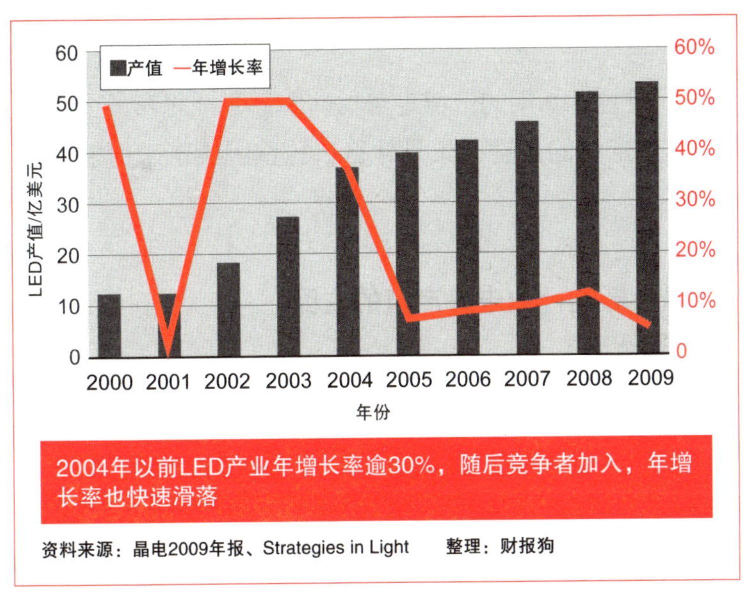

图 5–1–2 由于竞争激烈，LED 产值年增长率大幅滑落——LED 业产值、年增长率

当红行业从蓝海变红海，整体产值将严重衰退

这些高成长率的当红行业，投资人都必须小心。除了LED外，2003年到2006年火红的太阳能族群也是如此，太阳能模块厂茂迪（6244）还因此当上了股王，在2006年4月创下了985元的天价，但当竞争者大举杀入后，茂迪的获利也大幅衰退，到了2013年3月，股价已低于30元。

而2010年以来，对于当红的智能手机、平板族群等，各供应链也纷纷扩厂应付暴冲的需求。但是，待需求降温后，获利与股价都可能大幅修正，投资人需留意。

步骤2　影响产值走势的关键为何?

看了过去10年的产值走势后，我们必须思考一个问题：造成这个走势的关键因素是什么？这些因素未来可能会怎样变化？

学习思考影响行业未来产值的主因

分析范例1

影响农药行业未来变化的关键：农产品数量、全球人口数

以农药行业为例，与农药关系最密切的当然就是农产品的数量，而影响农产品数量的因素就是全球人口数。根据联合国的预测，全球人口至2100年以前，仍将持续增长（详见图5–1–3）。只要人口持续增长，农产品的需求也会持续增长。

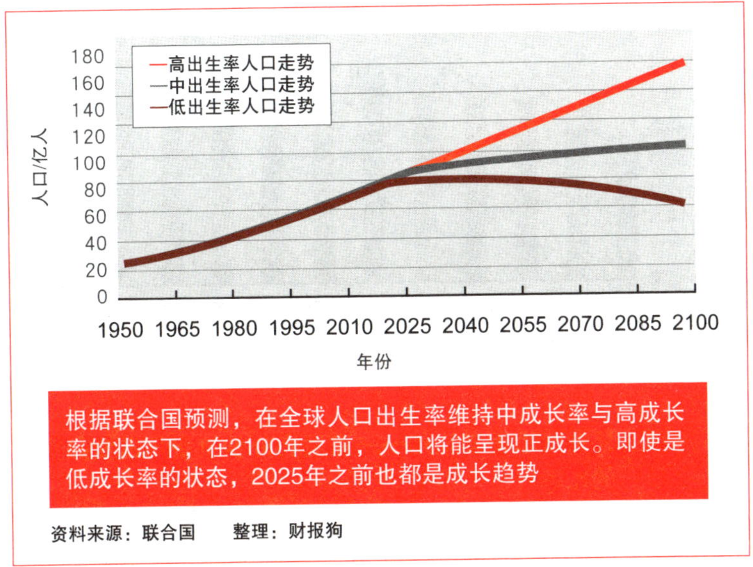

图 5–1–3 全球人口数将持续成长——联合国预测全球人口走势图

分析范例 2

影响中国台湾地区餐饮业未来变化的关键：台湾人口、外食比率

以餐饮业为例，影响餐饮业产值的关键因素为台湾人口与外食比率。查看台湾的相关调查报告，1991—2010 年中国台湾地区外食比率逐年增加（详见图 5–1–4）。再根据最新报告，中国台湾地区人口于 2022 年以前，仍将呈正成长趋势。综合上述两点，在未来 10 年，餐饮业产值持续上升的可能性是较大的。

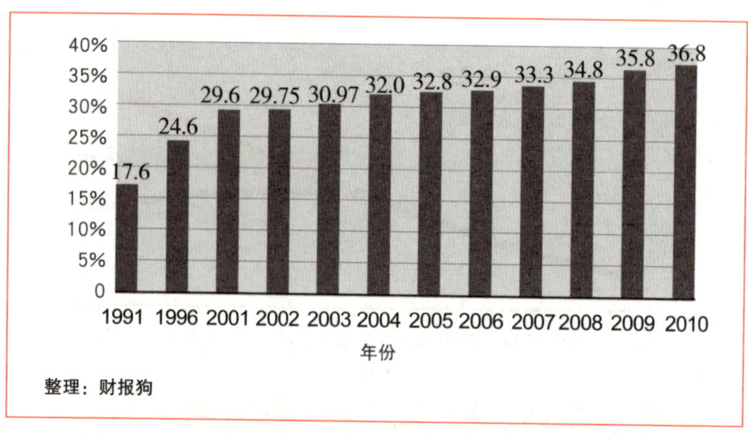

图 5–1–4　外食比率逐年增加——家庭在外伙食费用占食品费用的比率

再来看几个例子。影响眼镜行业产值走势的关键因素为何？除了人口数外，就是近视率了，以现在从人们大量且过度使用 3C 产品的趋势来看，近视率短期内应该只会增加不会减少。影响血糖机、血糖测试片产值的走势为何？除了人口，当然就是其使用者——糖尿病患者的比率啰！糖尿病是一种文明病，随着文明持续演进，短期内来看也是持续增加的概率较大。

另外，比较难预测的产业可说是日新月异的科技业了。影响智能手机行业产值走势的关键因素为何？科技发展速度？高所得人口数？电信网络架设状况？ 4G 发展速度？电信费率？新一代 iPhone 什么时候出，有没有新卖点？能影响其走势的因素实在太多了，所以没有一份研究报告估得准。无法预测的行业，就不是一个适合长期投资的行业。

步骤 3 行业有替代品危机吗？

这是最重要的一个确认步骤。如果行业有替代品出现的话，行业可能会以非常快的速度衰退，投资人的损失之大，将无法想象。

哪些行业会有替代品危机呢？这可能需要一些想象力。但基本上，只要是越新的、进步越快的行业，被淘汰的概率就越大。人类第一台计算机发明于 1946 年，占地 170 平方公尺，重达 30 吨，由于适逢战争，故计算机的用途为计算炮弹落点。随着时间演进，单一功能的超级计算机于 1980 年起逐渐被多功能的小型 PC（个人计算机）所取代，而 2000 年起可以带着走的 NB（笔记本电脑）也逐渐取代了 PC 的市场。而 2008 年起，智能手机、平板计算机也开始侵蚀 NB 的市场。未来平板计算机、智能手机，会不会被更新的科技取代？没人说得准。

除了 PC、NB 外，被替代品蚕食鲸吞的行业比比皆是，铁路部分需求被汽车取代，汽车部分需求被飞机取代，飞机部分需求被高铁取代等。近来被快速取代的行业还有硬盘、光驱、录像带、随身听等，太多太多了。

再回到我们前面提过的行业，农药行业有替代品危机吗？有！基因改造农作物可以让农作物本身具抗虫害功能，但由于健康相关的争议太大，近年内大幅取代农药的可能性不大。

眼镜有替代品危机吗？如果是一般的眼镜的话，替代品是隐形眼镜；如果是广义的眼镜的话，替代品则是近视手术，虽然近视手术现在争议仍很大，短期内普及的可能性不高，但投资人还是要持续关注这个议题。最后看测血糖行业，替代品是治疗糖尿病的药，若此药成功研发，未来将会影响测血糖产业的发展。

哪些行业最不容易被取代呢？存在越久的产业越不容易被取代！因为这些产业可能是人类本质上的需求。中华食（4205，原名恒义）生产豆腐，豆腐从汉朝发明至今超过2000年，我们估计2000年后豆腐仍旧不会消失。中保（9917）、新保（9925）从事的保安业也是，古代的官员、员外请的保镖，武侠小说里常提到的镖局，都是保安业的一种。另外，饭店业、餐饮业、废弃物处理业、超市、渠道商等都是。

你可能发现了，这些不容易被取代的行业，似乎都非常无聊，是股票投资人习惯避开的产业，和智能手机、触控行业相比，实在是太不令人兴奋了。但请思考一个问题：你投资的目的是为了赚钱，享受更好的生活质量，还是为了兴奋？如果是为了兴奋的话，你应该去的地方是赌场，搞不好在赌场赌赢的概率比在股市赌赢的概率高多了。

3个条件筛选可持续成长或持平行业

有了以上3项行业数据后，我们就可以推测行业未来10年的可能走势了。基本上我们只对未来10年可以持续成长或持平的行业有兴趣。所以，我们设定了以下条件：

条件1　过去10年产值走势成长或持平

条件2　影响产值关键因素易掌握，且不易改变

条件3　产业无明显替代品

只要产业符合这3项筛选条件，我们就可以推测该行业未来10年持续成长或持平的概率很高。还有，以上只是推测，毕竟这个世界变动很快，若影响行业的关键因素改变了，或是有强大的替代品出现，那么就必须再修正我们的看法了。

最后再次提醒产业分析的重点：

①只投资未来10年产值走势持平或向上的行业。

②行业成长率为5%～15%是最好的，若行业成长率超过20%，很容易吸引太多厂商竞争。

③行业替代品危机对行业未来发展影响甚巨，投资人需多多关注所属行业替代品的发展状况。

5-2 企业存活卡位战 必备差异化或低成本优势

要判断公司是否能够稳定获利，只要看公司近 6 ~ 8 年的 ROE（股东权益报酬率）走势即可。但要如何确定公司在未来 10 年仍能稳定获利呢？这要看两个重点：先确定公司所属行业的产值未来 10 年能向上成长或持平，再来则是确认公司具有持续性的竞争优势。

股神巴菲特曾说，一家真正称得上伟大的企业，必须拥有一条持久不衰的护城河，这条护城河指的就是公司的竞争优势。只要公司的竞争优势够强，在产业的市场占有率就可以守稳，甚至提高。

很多时候，公司的财报表现亮眼，并不是因为公司拥有竞争优势，只是刚好运气不错，或是行业出现短暂的供过于求罢了。以 2005—2006 年火红的太阳能行业为例，每家公司的 ROE 动辄超过 50%，甚至诞生了一代股王——太阳能模块公司茂迪（6244），曾在 2006 年 4 月达到 985 元历史天价。当时各个国家和地区纷纷大规模补助太阳能发电，导致市场短期供不应求，产业链的所有公司都跟着鸡犬升天；然而，这些公司未必具有任何长期竞争的优势。

什么才是持久的竞争优势呢？你如果有空，可以试着打电话给所有的上市公司，问他们的发言人："请问贵公司的竞争优势是什么呢？"你可能会听到100种答案。像是"我们有优秀的人才。""我们技术最棒。""我们员工最勤劳。""我们质量最好。""我们有专利。""我们劳工最便宜。"……

其实说穿了，竞争优势可以总结成两大类：一是差异化优势，二是低成本优势。做生意要赚钱，当然是要想办法做出特别的东西，这就是差异化优势。若是做不出特别的东西，就要想办法以最低成本做出来，这就是低成本优势。

差异化优势种类繁多，其中三个最常见也是最重要的差异化竞争优势如下：

差异化优势1 品牌

品牌优势是强大且稳定的竞争优势，但并非大家朗朗上口的品牌就具有品牌优势，拥有品牌优势应该要满足以下两个条件：

1. 产品价格有办法比同业高

公司的产品与市面上其他产品类似，但由于品牌受到消费者的高度认可，所以价格硬是比其他产品贵。譬如精品皮具品牌——路易威登（Louis Vuitton），顾客会喜欢买新台币6万元、8万元或10万元以上的此品牌包包，太便宜的还不愿意买，你说这品牌优势有多强大！在国际上，世界自行车龙头捷安特（9921）公司，凭着捷安特（Giant）品牌营销全世界，产品售价甚至比欧美品牌还高，销售额仍是世界第一。

2. 客户忠诚度强烈

所谓品牌优势，就是顾客对其质量有信心，忠诚度高，但公司也可能走平价路线，目的是吸引最大的消费量。连锁餐饮龙头王品（2727）就是最好的例子，王品的各个旗下品牌王品牛排、陶板屋、西堤、石二锅等，价格和同性质的餐饮店差异不大，但由于忠诚度高，顾客总是多于同行业的其他竞争对手，分店也是一家接着一家地开。拥有此类品牌优势的厂商，还有卖保健食品的生技股葡萄王（1707）、卖隐形眼镜的精华（1565）、卖眼镜的宝岛科（5312）等。

再提醒大家一次，品牌必须做到以上两点之一，才能算具有品牌优势。像NB（笔记本电脑）厂宏碁（2353）或华硕（2357），品牌虽响亮，但一般人选购笔记本电脑的最大考虑仍是价格与功能，品牌并无太大意义。

品牌代表的是消费者对公司产品的信任，信任需要耗费相当多的时间与资源建立，一旦建立后，就不容易消失。例如，每个公司都会犯错，如果犯错的公司是受到消费者喜欢且长期以来信任的品牌，消费者多半会选择原谅。像是2004年在台湾地区爆发了“重组牛肉”争议，牵涉其中的王品集团旗下品牌西堤牛排，生意马上受到影响；但王品集团随即很有诚意地道歉，不到一星期更推出了全新的牛排产品来取代，迅速赢回消费者的信任。

其实，品牌优势消失的公司，通常不是因为公司犯了什么天大的错，而是公司什么都没做，渐渐被产业趋势淘汰。芬兰手机厂诺基亚（Nokia）就是最好的例子，原本是传统手机的王者，产品横扫全球，却没有抢到智能手机的发展契机，导致几年后被苹果（Apple）、三星（Samsung）、宏达电等竞争对手踩过。

差异化优势 2 专利、法规

专利与法规，可以说是最有保障的竞争优势，但也可以说是最差的竞争优势。强是强在有法律保护，只有你才能生产这个产品，别人都不能生产，不然就要付你权利金。但是最大的缺点，在于它是有时间限制的，这个时间还不一定能掌控。

大丰电（6184）是中国台湾新北市板桥、土城的有线电视运营商，原本受到法规保护，整个板桥区、土城区只有两家有线电视业者，而另一家台湾数字宽带则是与大丰电交叉持股，摆明都是自己人，两家跟一家没两样。然而，为加速行业竞争，相关主管部门允许有线电视跨区经营，以后其他运营商都可以跨入板桥、土城加入竞争，威胁到大丰电长期垄断的生涯。但相反地，大丰电同样可以跨到别区与同业竞争，未来是好是坏很难说，只能判断未来获利将不会像过去那么稳定。

受到法规保障的产业，除了有线电视，还有电信、废弃物处理、环保等行业。研究法规竞争优势时，重点是法规细节与到期时间，例如电信业者的执照什么时候到期？下一代执照什么时候发放？废弃物处理有没有什么新的规定？会造成什么影响？等等。

专利优势与法规优势类似，都是保障公司产品独家贩卖或营运。专利优势最明显的就是生物科技产业，一般新药公司申请专利后，可保障药物 20 年左右的独家销售权；但时间一到后，此药物将面临强大竞争，公司若要持续获利，取决于未来是否不断有新药推出。

差异化优势 3　转换成本

一般来说，只要是定制化程度高的行业，都具有转换成本优势；也就是客户若想变心，必须花费很高的代价，这样一来，只要抓到了客户，多半能建立长期的合作关系。

像是工业计算机产业的研华（2395）、振桦电（8114）、飞捷（6206）等就是标准的例子。工业计算机是指工业用的设备，通常都有特殊需求，需要与客户长时间配合研发。例如，超市里的自助电子服务设备 iBon、POS（销售点管理系统）、自动售票机、电子广告牌、医疗监控系统等。既然花了大把的时间配合，客户也自然不会轻易更换其他的工业计算机供货商。可以看到这 3 家工业计算机公司，2007—2012 年的 ROE 多在 20% 以上；又以振桦电 ROE 表现最好，2010—2012 年的平均 ROE 达到 30% 的水平（详见图 5–2–1）。

一般来说，定制化程度高的产业里的厂商，多半是独霸一方，各自都拥有稳定的客户与获利。这些厂商中，定制化能力最强的，表现当然最好；当客户有需求变动时，就能实时反应。

例如，茂顺（9942）从事油封行业，油封泛指用来封住机械润滑油的组件，由于机械种类复杂繁多，相关组件定制化程度自然相当高。茂顺目前研发的模具已超过 8 万种，且制造时间快速。油封组件的制作，需要与客户长时间配合，所以客户和茂顺下单后，也不易再转换供货商。从 ROE 观察获利表现，8 年的平均 ROE 达到 18% 的水平（详见图 5–2–2）。

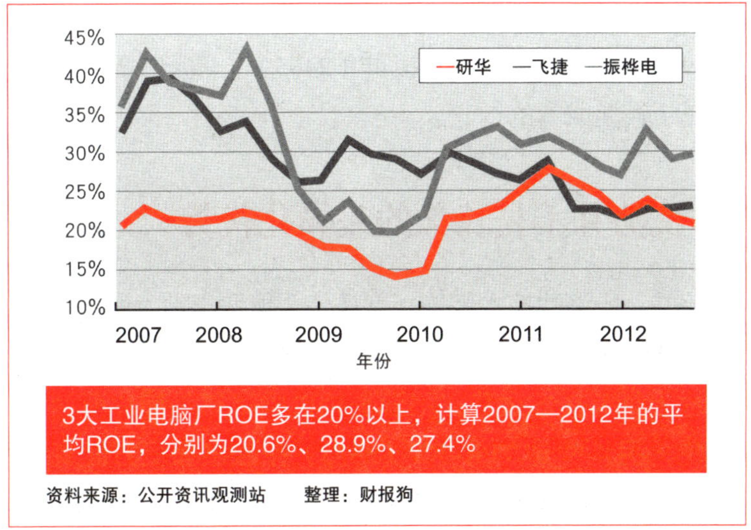

图 5-2-1 工业电脑股具转换成本优势，ROE 多高于 20%——研华、飞捷、振桦电近 4 季 ROE

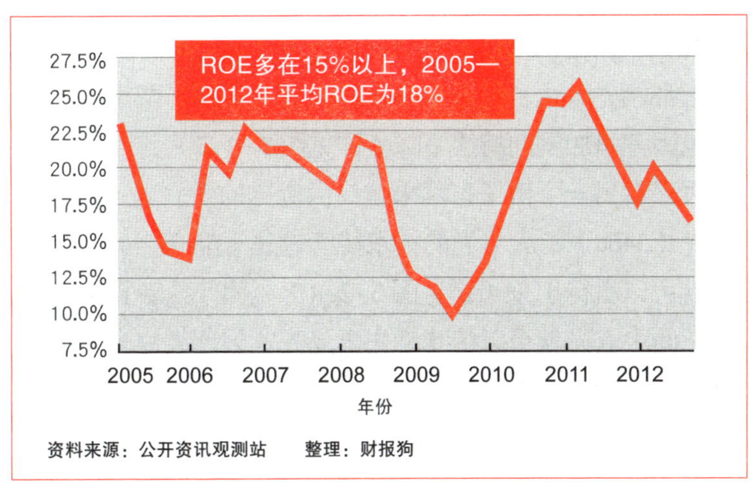

图 5-2-2 油封业客户不易转换，ROE 多高于 15%——茂顺（9942）近 4 季 ROE

除了工业计算机、油封行业外，制作服务器导轨的川湖（2059），信息服务行业的凌群（2453）、敦阳（2480）等，都是属于转换成本的行业。

技术优势并不是长久的差异化优势

此外，所谓的技术优势，就是公司能做出别人做不出来的产品，并能够量产出货。以苹果供应链来说，大立光（3008）在镜片上拥有技术优势，不管是相机画素还是镜片薄度都领先群伦，另外像是 TPK–KY（3673）在触控面板方面有技术优势；谱瑞 –KY（4966）在 eDP（embeded Display Port，嵌入式数字显示端口）控制 IC 上有技术优势；新日兴（3376）在 NB 中空轴承上有技术优势等。

话虽如此，技术优势并不是长久的竞争优势，也就是说，它并不是一条很宽的护城河。以苹果电池供应链的新普（6121）、顺达（3211）为例，新普原本在 NB、平板电池的技术上都领先顺达，但近来技术已无太大差异，两家公司的毛利率也因竞争加剧而持续下降（详见图 5–2–3）。

再来看另一个例子，苹果镜头供应链的大立光（3008）、玉晶光（3406）。大立光的技术持续领先玉晶光，从毛利率的走势就可以看得出来（详见图 5–2–4）。为什么新普会被顺达追上，而大立光就可以持续领先玉晶光？因为大立光太强了？还是因为光学器材本来就很难做？

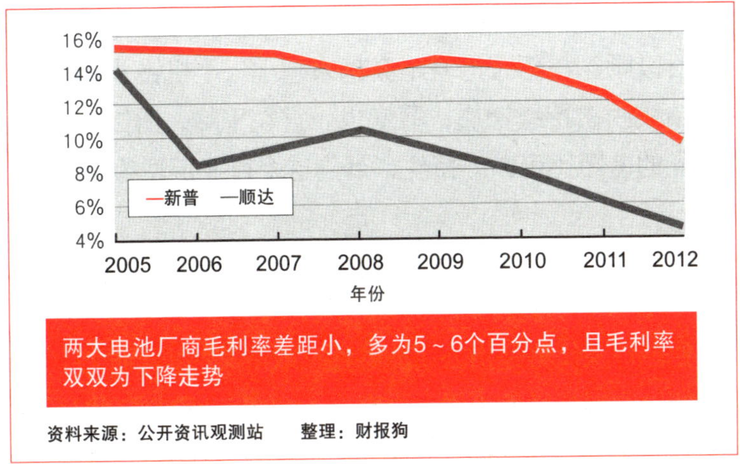

图 5-2-3　技术差异缩小，竞争激烈使毛利下降——新普（6121）、顺达（3211）毛利率

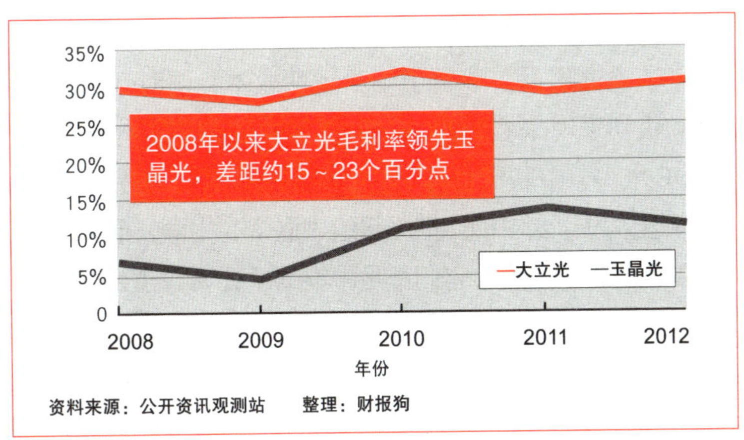

图 5-2-4　大立光毛利率明显优于对手玉晶光——大立光（3008）、玉晶光（3406）毛利率

其实应该这样看，如果产业趋势的终点将至，那么无论厂商间的竞争差距有多大，领先者被追上就是迟早的事；但如果产业趋势还有持续演进的空间，那么竞争差距有机会维持。电池产业就是前者，因为电池就是长那个样子，顶多做到更薄一点，所以顺达与新普的差距会越来越小。手机镜头行业则不然，镜头画素持续增加，薄度也一直在下降，所以大立光与玉晶光的差距还可以维持住，直到这个行业定型为止。

低成本优势 1　独占资源

独占资源优势是指公司能够独家取得某些重要原料，或是以超低价取得。举例来说，中联资（9930）是制造高炉石粉、水泥的公司，主要原料是水淬高炉石，并且向中钢（2002）独家进货；中碳（1723）则是制造各式电子、化工材料的公司，主要原料是煤焦油，也是独家向中钢取料。

这两家公司都有很强的独占资源优势。此外，中联资更是直接盖在中钢附近，节省了不少运费成本，同时享有地点优势。从获利表现来看，2005—2012 年中碳创造了约 32% 的平均 ROE 水平，中联资也有平均 20% 的表现（详见图 5-2-5）。仔细想想，为什么中钢会把原料给中联资、中碳，而不是给别家？原因很简单，因为它们都是中钢的子公司，子公司赚钱就等于中钢赚钱。

所以，独占资源优势的关键是在关系，观察此类公司的重点并不在资源本身，而是在关系；只要中碳、中联资与中钢的母子关系可以维持，竞争优势将会持续存在。

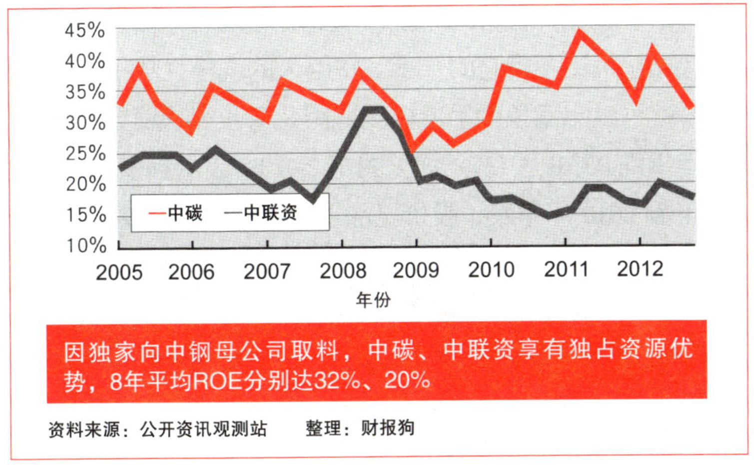

图 5-2-5 中碳、中联资以低成本创造高获利——中碳（1723）、中联资（9930）近 4 季 ROE

低成本优势 2 规模

规模优势通常出现在固定成本很高的行业，因为当公司的产品越卖越多，庞大的固定成本摊到每一个产品上的单位成本就越低。举例，像律师事务所、代书事务所等，固定成本都非常低，可以说是没有规模优势的行业；而像钢铁、塑化、机壳等制造业的固定成本都很高，就可以说是有规模优势的行业。

规模要大到多少，才算是有规模优势呢？营收大于 1 亿元？ 10 亿元？ 100 亿元？都不是！重点不是营收的绝对值，而是比竞争对手大多少！只要市场占有率比竞争对手大得多，就可以享有规模优势。

中华食（4205，原名恒义）是一家卖豆腐的小公司，月营收只有 9 000 万 ~ 1 亿元，在上市公司中可以说是少得可怜，然而它绝对是一家有规模优势的公司，因为它的品牌——中华豆腐、中华豆花，在台湾地区市场占有率约为70%，其他所有竞争者加起来还不到它的一半。在巨大的规模优势下，中华食的成本就可以比竞争对手低很多。因此营收表现稳定，2005—2012年平均ROE达13%（详见图5-2-6）；因受到投资人青睐，2010年到2012年年底，股价已涨了40%（详见图5-2-7）。

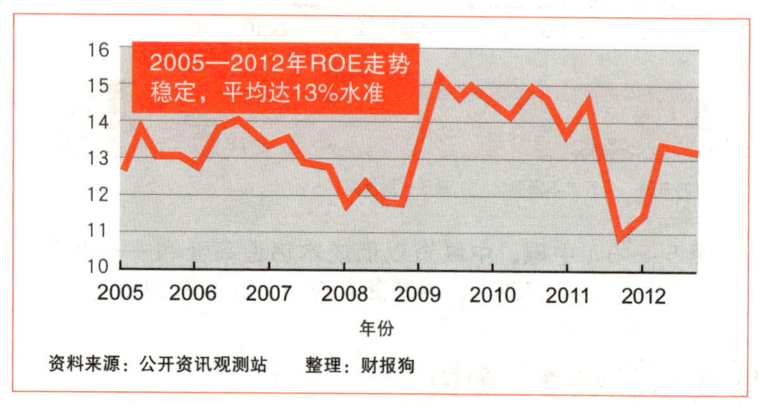

图5-2-6　中华食2005—2012年平均ROE达13%——中华食（4205）近4季ROE

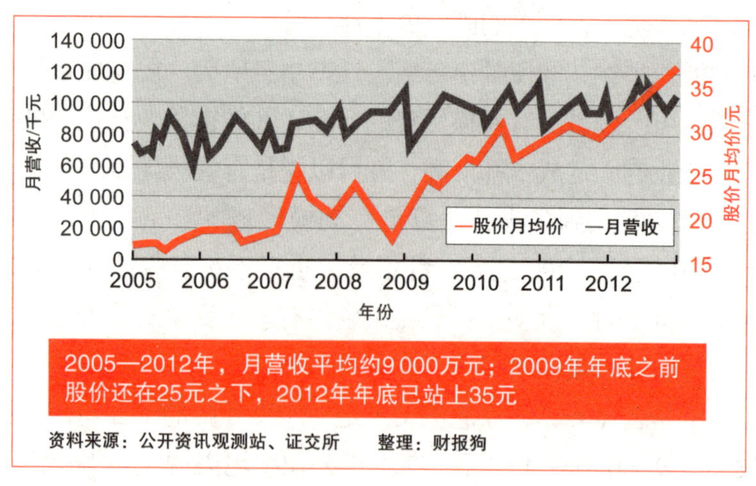

图5-2-7　具规模优势，中华食获利稳定——中华食（4205）月营收、股价月均价

再来看面板产业，群创（3481）、友达（2409）的每月营收在300亿～400亿元之间，够大了吧！但它们并不享有规模优势，因为对手的营收比它们的更大。群创、友达的全球市场占有率为10%～15%，而乐金（LG）、三星的市场占有率都接近30%。所以群创、友达在规模上可说是完全讨不到便宜。

以上介绍的几种竞争优势，由于商业模式变化快速，难免遗漏，我们只能介绍台湾最常见的几种。不过大家只要掌握一个关键——长期竞争优势必可归类于差异化或低成本，从这个角度思考，就能发现公司是否有独到之处了。

5–3 赚的钱总是不够花？烧钱行业的 4 大特色

我们在 PART 2 的第 3 章已经告诉大家，如何用自由现金流这个重要的财务指标，来避开烧钱的公司。只要自由现金流长期流出，就是一家有危险的公司，若要长期投资，应该要尽量避开。现在，我们进一步从行业分析的角度，告诉大家哪种公司极有可能成为烧钱行业。

所有烧钱的行业，几乎都满足“产品无法差异化”“行业依赖规模优势”“低价技术持续研发”等特色，要是这个行业刚好又是当地政府砸钱补助的行业，烧钱的速度会更加剧烈。

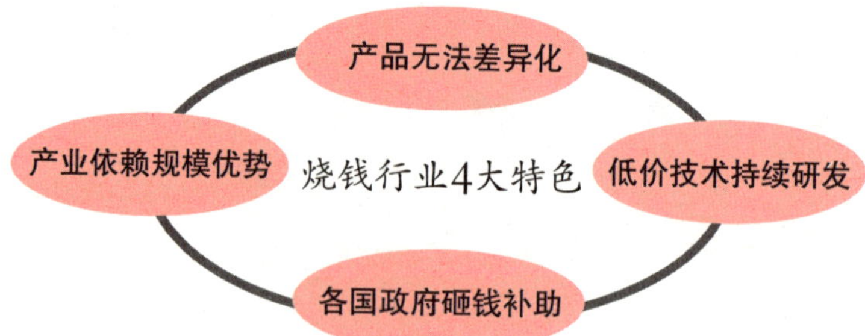

特色 1　产品无法差异化→终究陷入价格断杀

一个行业的产品若无法差异化，对于所参与的厂商而言，都是件相当麻烦的事，价格战将是这个行业唯一的真理。

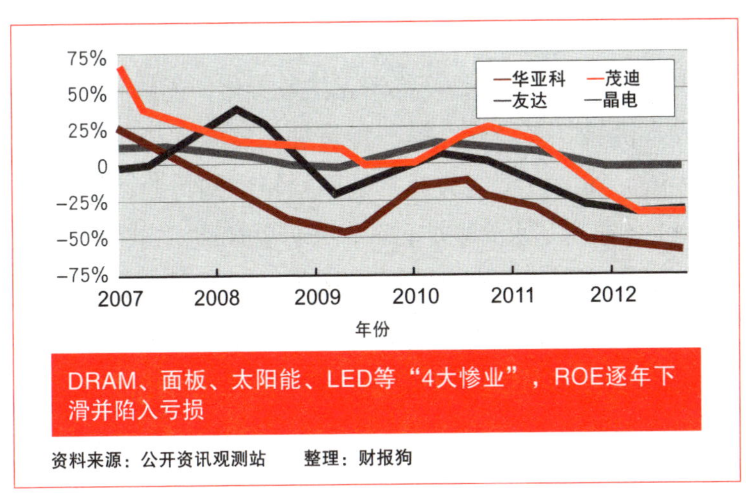

图 5-3-1　"4 大惨业" ROE 逐年下滑——华亚科、茂迪、友达、晶电近 4 季 ROE

我们来简单检视一下让台湾陷入发展困境的"4 大惨业"。最早的是 DRAM（动态随机存取内存），内存有办法差异化吗？顶多做到密度比较大而已。其次是面板，有办法差异化吗？多少人能够真的分辨出不同品牌的电视的差异？第 3 个是太阳能，最好和最差的太阳能电池效率，能差到多少？最后是 LED，能做到什么差异化？比较亮？比较白吗？这 4 个行业，产品都无法差异化。

但是，难道无法差异化的产品，就没办法稳定获利？未必！你家巷口的那家盐酥鸡，真的有比较好吃吗？它还不是开了十几年！要成为烧钱行业，还有以下其他特性。

特色 2　行业依赖规模优势→特别是高资本支出行业

我们在上一章提过，产品若无法差异化，还是可以靠两种“低成本优势”来赚钱，第一种是独占资源优势，第二种是规模优势。独占资源优势通常是原料特殊的行业，如中联资（9930）的原料“水淬高炉石”，一听就知道相当特别。

但如果原料的取得相当容易，要靠低成本赚钱，就只能依赖规模优势了。然而，当行业太依赖规模优势，所有厂商为了生存，很可能会疯狂地扩充产能。在产能大量开出以后，又刚好碰到需求强烈，厂商可以刚好赚到一笔机会财，而且是好大一笔，这也就是“4 大惨业”都曾风光过的原因。

好日子通常不会持续太久，由于各公司的产能持续大量开出，但需求却不会无止境地增长，尤其是碰到经济不景气的时候。一旦需求开始反转，厂商开出的大量产能只好降价抛售。于是产品的销售量与价格同时往下掉，最后就是以赔大钱收场。

有哪些产品需强烈依靠规模优势呢？答案是资本支出高的行业。由于资本支出高，公司为了赚钱，只有把庞大的资本支出分散到更多的产品上。观察“4 大惨业”会发现它们都是高资本支出行业，其中又以面板产业的情况最为严重，太阳能行业的资本支出则稍微好一点。

再回到你家巷口的盐酥鸡，为什么没有差异化的产品还能够持续赚钱呢？因为盐酥鸡的资本支出并不高，厂商不用竞相扩充产能来击败对手，稳稳地 1 个月赚几万元，日子照样过得不错。

特色 3　低价技术持续研发→花钱研发没赚头的技术

其实，若只是满足前面两点，是不一定会成为烧钱公司的。以中国台湾地区豆腐霸主中华食（4205）为例，豆腐这项产品几乎没有差异化可言，公司也确实依靠规模优势。那么，豆腐业和“4 大惨业”的最大差别在哪？“4 大惨业”是演进中的行业，需要不断研发低价技术；而发展了 2000 年的豆腐业，早就已经没什么新技术可言了。

为什么低价技术这么恐怖？假设尔必达（日本内存公司，2012 年破产，而后被美国大厂美光公司收购）花大钱研发出超低成本的 DRAM 制造方法，那么尔必达接下来做的，当然就是杀价抢市场占有率了。

这时竞争对手南亚科（2408）该怎么办？当然只好跟进烧钱，研发更便宜的技术。若研发出来，南亚科当然也会跟进杀价；但恐怖的是，就算没研发出来，南亚科仍只能跟进杀价！因价格已被破坏，不杀价就卖不出去。所以，只要产品价格高于材料成本，南亚科也只有硬着头皮跟下去。因此整个产业陷入恶性循环，烂公司赔钱，好公司也跟着赔钱。

特色 4　当地政府砸钱补助→供过于求，把大家拖下水

适者生存，不适者淘汰，这是物种演进的天理，若不顺着天理走，很可能是一场灾难。若行业已经满足上述三个条件，那么公司或是整个行业摇摇欲坠的可能性相当高。当地政府如果又为了维持就业率、GDP 增长，不让这些行业倒下，就只能不断砸钱补助，如此只会让这个行业陷入无止境的恶性循环。

再次提醒，要判断公司的安全性，可先看量化的财务指标，也就是公司的自由现金流。长期大于 0，代表公司是稳定赚现金的行业，投资人可较为放心；若长期小于 0，代表公司可能是长期烧钱的行业，最好敬而远之。同时，可再从行业角度进行质化分析，判断公司是否处于需大量烧钱的行业。

5-4 股价下跌是买点还是卖点？

对于价值投资人来说，股票有九成以上的时间都处于不合理的价位（太高），而当股价出现合理的价位时，常常是股价大跌所致。

当然这也是我们的绝佳买点了。不过，是不是所有的大跌都是买点呢？先别急，我们为大家整理出股价大跌的四种常见状况，经过仔细判断后，你就可以知道是买点还是卖点了。

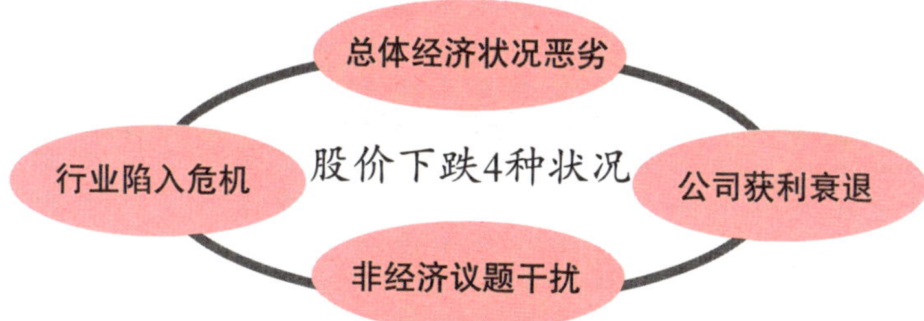

下跌原因1　总体经济状况恶劣
投资判断：绩优股的好买点

不只是台股，全球股市最常出现的买点，就是经济陷入大幅衰退时。我们先来参考一下景气对策信号与股市的关系图（详见图 5-4-1），可以发现，景气每次陷入代表低迷的蓝灯时，股市都会出现大幅回调。通常蓝灯出现时，好股、烂股都会一起杀下来！若此时你观察名单里的绩优股出现了难得的买点时，可以考虑大胆地买进了！

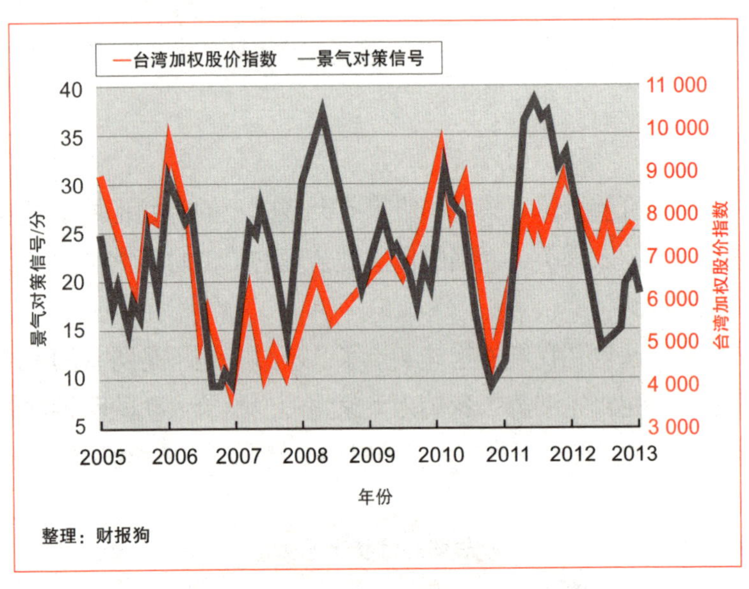

图 5-4-1　景气对策信号与台湾加权股价指数联动高

下跌原因 2　行业陷入危机

投资判断：短暂危机可进场，若行业衰退应观望

行业危机发生时，一般会出现整个行业股价下杀的情况。这时就是考验你智慧的时候了：这个危机是暂时的，还是长期

的？若危机是暂时的，当然是买进的机会；但若危机是长期的，就不能躁进了。

2011 年下半年时，中国台湾地区出现了塑化剂风暴，相关产品的销售都受到冲击，如饮料、食品、生物技术产品、塑料制品等；也让不少好公司出现难得一见的买点，像是中碳（1723）、葡萄王（1707）等。塑化剂风暴对于相关行业是暂时性危机还是长期性危机呢？答案很明显了。到了 2013 年，将近 2 年过去，可能没几个人记得有塑化剂这件事了。但在危机当时，以中碳为例，2011 年 12 月到 2012 年 1 月，就出现了股利折现率至少大于 10% 的买点（详见图 5-4-2）。

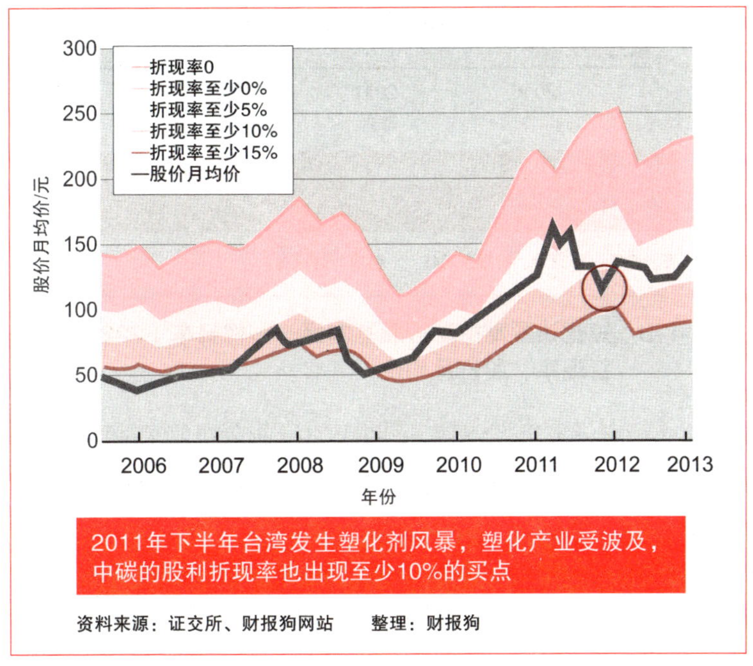

图 5-4-2 行业突发危机，好公司浮现买点——中碳（1723）股利折现率、股价月均价

以裕日车为例，在日车总体销量下滑的背景下，2012 年 11 月就出现了股利折现率至少大于 10% 的买点，而后股价果然又开始回升（详见图 5-4-3）。

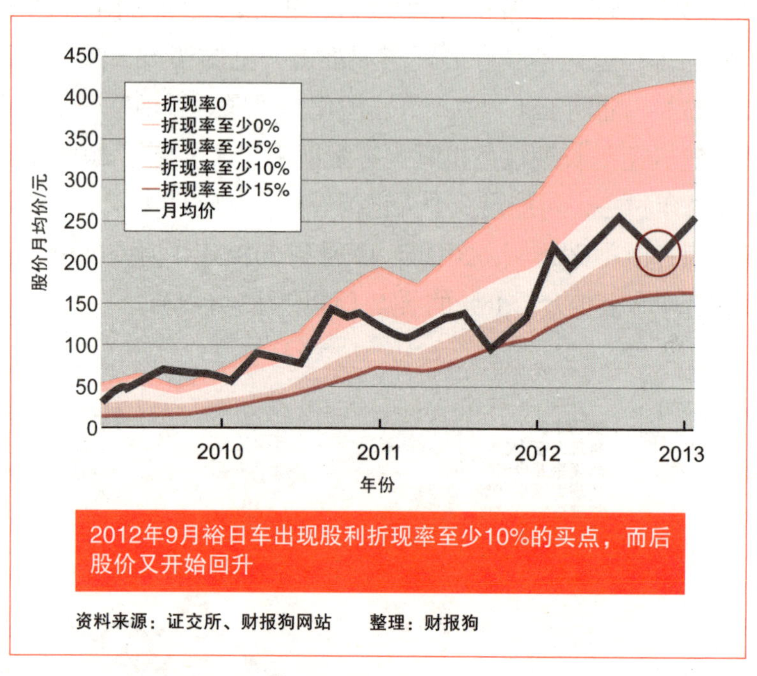

图 5-4-3　短暂议题难撼动行业基本面——裕日车（2227）股利折现率、股价月均价

那么，什么情况会发生长期性的行业危机呢？通常是行业出现替代品的时候，这部分我们在 Part 5 第 1 章已提过，像是硬盘、光驱、录像带、PC（个人计算机）、NB（笔记本电脑）等。当行业有替代品出现时，会让股价看起来很便宜，但这往往只是衰退的开始。

下跌原因 3　公司获利衰退

投资判断：检视公司竞争优势是否变质

若大盘与整个行业的股价都没什么变动，偏偏只有这家公司的股价大跌，多半是因为这家公司的获利不如预期，可能是掉了某个大单，或是营运出现了一些麻烦。这时就要回头看，公司的竞争优势是否变质？例如：

①靠品牌优势的公司，品牌效应是否消失？消费者还愿意为这个品牌付出多一点钱吗？

②靠专利、法规优势的公司，这些专利、法规是否快到期了？

③靠转换成本优势的公司，是否面临产业日趋标准化？

④靠独占资源优势的公司，是否资源已被大量开发，渐渐不稀有了？

⑤靠低成本优势的公司，是否有竞争对手发展出更便宜的生产技术？

仔细研究后，若发现公司的竞争优势仍未改变，那么这次的大跌很可能就是买点了。当然，当发现竞争优势正在消退，长期来看无法再保持理想获利，则不能贸然进场；手中若已经有持股，甚至要考虑出清。

下跌原因 4　非经济议题干扰
投资判断：不影响公司获利，股价回调多为买点

非经济议题干扰造成的股市大跌，从 SARS 风暴，到 H7N9 禽流感疫情、经理人炒股风波、禁止投信买中小型股等，这些与产业、公司等获利长期无关的议题，都会造成相关股票程度不一的回调。

仔细想想，这些非经济议题都只是短暂的，长期来看根本无法影响公司的获利。若观察名单上的好股，因为非经济议题出现难得的买点，大家也千万不要错过啰！

总结以上四点，若绩优股的股价下跌，是因为总体经济状况恶劣或是非经济议题干扰，可以考虑买进；但若是行业危机或公司获利衰退，则需要进一步研究才能下结论。

5–5 成长只是昙花一现？从 3 大成长动能找真相

我们在 Part 4 中介绍过，如何用长短期营收年增长率，判断公司是否具有短期成长动能，也就是所谓的量化分析。但这股成长动能可以持续多久？会不会转眼就消失了？我们认为，若企业的短期成长动能是来自于新产品、新市场、新客户的话，成长动能可以持续较长的时间。

然而，并不是所有的新产品、新市场、新客户都会为公司带来强劲的成长！以下一起来检视这 3 大成长动能：

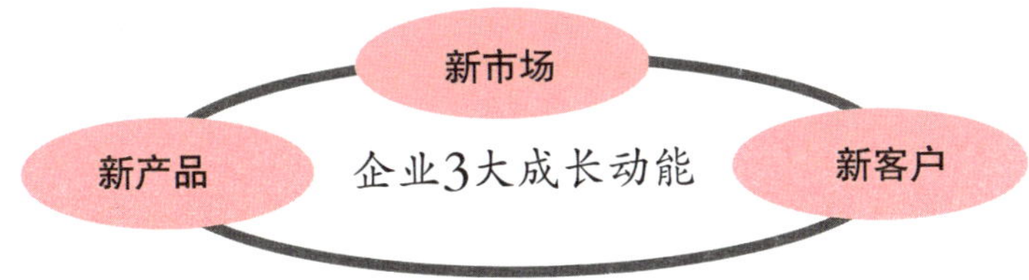

企业成长动能 1　新产品

公司发布新产品，往往是变量最大的一种成长方式。只要翻看报纸就会看到，一天到晚都有公司发布新产品，但成功发布并对营收造成显著贡献的，只占少数。

所以，当公司宣布踏入新领域或推出新产品时，我们第一个要问："新产品和公司发展方向是符合的吗？"如果符合的话，成功概率自然较高；要是不符合，投资人可能只有多烧香拜佛了。

新普（6121）与顺达（3211）2009 年前专注在做 NB（笔记本电脑）锂电池模块，技术能力都不差。而后双双生产新产品——平板计算机电池，也就是同时切入苹果平板电脑（iPad）的电池供应链。同样都是电池，新普与顺达又是薄型化电池技术数一数二的厂商，当然有能力做这个新产品啰！两家公司都在 2009 年年底营收动能转强，也就是切入平板电池的时候，之后营收与股价也都有不错的表现（详见图 5–5–1）。

另外一个例子是川湖（2059），川湖成立于 1986 年，原本专注于生产办公室用具的导轨、滑轨、铰链等，2000 年后开始切入服务器导轨。从家具业切入服务器产业？听起来很"跳 Tone"（思维跳跃），但其实产品都是十分相似的，况且服务器导轨对精密度的要求更高，而精密度正是川湖的强项，专利已超过 800 项，因此新产品同样能带来加分效果。

再来看看反例，友达（2409）为面板大厂，除了本业稳定赔钱外，还切入了电子纸、太阳能领域，这些都和本身的技术关系不大，自然不会有太好的成绩。再来看更经典的例子，触控面板厂胜华（2384），合格率都还没调好，已经急着切入新产品牛樟芝（面膜品牌），我们已经无法评论了。

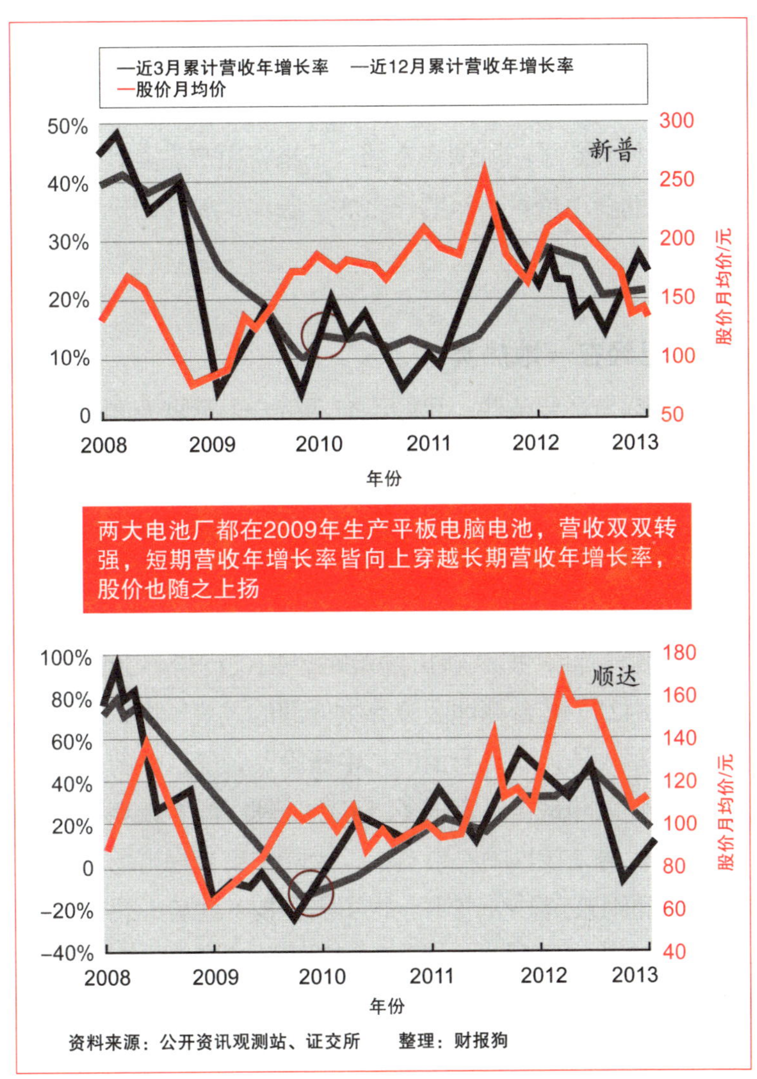

图 5-5-1 2009 年切入平板电池，营收动能皆转强——新普（6121）、顺达（3211）长短期营收年增长率

企业成长动能 2　新市场

相对于新产品的高度的不确定性，新市场策略的成败概率就比较容易判断了。所谓新市场，是指将原产品卖到其他国家和地区。而新市场策略只要符合 3 个条件，成功的机会就大幅提升：

1. 产品已经在一地热卖

这当然是必要条件，我们不能期待一个默默无闻的产品，移到地球另一端就会造成多大的轰动，这样的想法太不切实际了。

2. 产品在新市场具差异化

如果公司推出的产品或服务，在即将进军的国家或地区已有很多竞争厂商，那么新市场策略恐怕进行得不会很顺利。可宁卫（8422）是台湾地区废弃物处理的龙头厂商，2012 年 8 月决定进军大陆，成为所谓的“中概股”，但这个新市场策略会成功吗？大陆是否已有很多废弃物处理厂商？废弃物处理产业的竞争优势是技术吗？事实上，大陆的废弃物市场已存在竞争压力，而且废弃物处理事业也不需要技术优势，想要拥有爆发性成长，并非易事。另外，我们还可以参考已进军大陆的同业昆鼎（6803），昆鼎 2011 年已前往大陆发展，但也不如预期顺利，因此这样的新市场策略，我们保守看待。

3. 产品符合新市场的风俗民情

臭豆腐是台湾地区家喻户晓的平民小吃，在全世界都具有差异化，但如果卖到美国去，成绩会好吗？这就必须要研究美国人的饮食习惯，可不可以接受此类商品。不能够自以为某地没有这个产品，就相信绝对能成功，真相很可能是前浪早已死光光。

我们用宏达电（2498）的早期新市场策略，来检视以上这3个条件。宏达电成立于1997年，初期研发重心放在没有通讯功能的PDA（掌上电脑）上。2002—2004年间研发出具有通讯功能的PDA与智能手机，并在欧洲引起了轰动。2004年下半年，公司决定进军美国，假设当时要检视宏达电进军美国的计划容不容易成功，分析重点如下：

产品已经在一地热卖？

→宏达电的智能手机已经在欧洲热卖，产品本身没有问题。

产品在新市场具差异化？

→智能型手机在2004年还处于萌芽阶段，此时苹果公司只推出音乐播放器iPod而已，宏达电的手机产品当然有差异化。

产品符合新市场的风俗民情？

→欧美的风俗民情差异不大，何况对于科技新品的需求，美国一向强于欧洲。

从以上3点来简单检视，可判断宏达电进军美国的策略能够成功。另外，若从营收年增长率观察，2004年下半年后宏达电成长动能强劲，股价也跟着大幅成长（详见图5-5-2）。美国市场策略的成功，帮助宏达电股价第1次站上千元大关。至于宏达电股价第2次站上千元，又是另一个故事了。

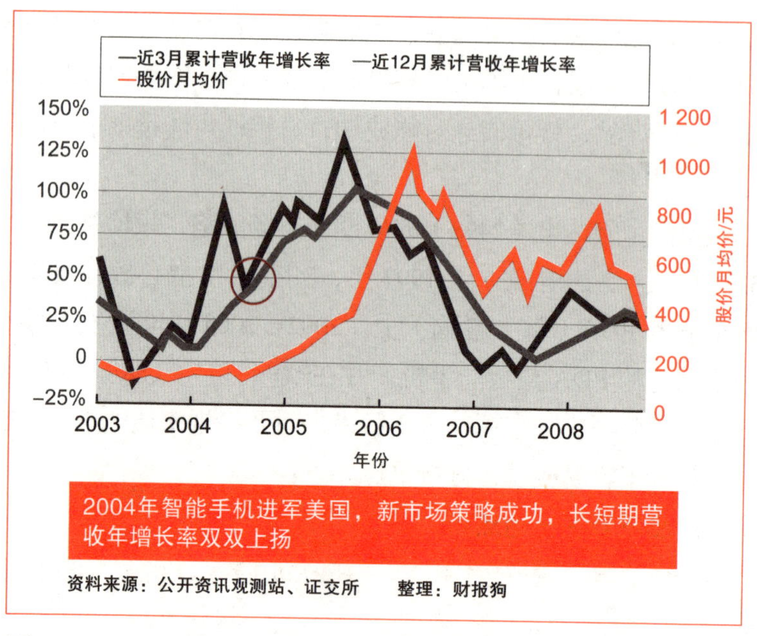

图 5-5-2 宏达电 2004 年成功切入美国新市场，营收、股价同步转强——宏达电（2498）长短期营收年增长率

企业成长动能 3 新客户

与新产品和新市场比较起来，新客户这股成长动能，应该较弱才是。但是从 2010 年开始，出现了例外的情况，也就是苹果供应链的兴起。

由于苹果的所有产品几乎都热卖，只要有公司宣布打入苹果供应链，大家可能还搞不清楚公司到底在卖什么，股价就先大涨了。然而，是不是所有打入苹果供应链的公司，获利都会大幅成长呢？如果没有的话，那股价也是迟早会被地心引力往下拉的。

根据我们的研究，新客户要能够为公司带来强劲的成长动能，必须符合以下3个条件：

1. 公司已有稳定获利的能力

新客户要为公司贡献获利，公司当然要先有不错的获利基础。触控面板厂胜华（2384）2011年打入苹果供应链，但观察公司过去的纪录，发现胜华并没有稳定获利的能力，常常一年赚钱、一年赔钱，这代表胜华触控面板制程的合格率、效率是有改善空间的。在问题改善前，胜华却以低价抢下苹果订单，企图以量大发挥规模优势，结果如何并不难预料。直接看获利状况，2011年与2012年都呈现亏损，股价也随之下滑（详见图5-5-3）。

图5-5-3　获利能力不稳定，新客户也难帮大忙——胜华（2384）EPS、股价月均价

2. 新客户够大，下单量也够大

新客户要成为公司的成长动能，这个新客户当然要够强，

而下单量也要够大。新客户强不强较容易判断，但下单量够不够大，则要由终端产品判断。

例如，位速（3508）是宏达电的塑料机壳供货商，当位速打入宏达电供应链时，我们要关注的就是位速是打入宏达电的哪个机种。是主打的机王吗？还是只是垫档的小机种呢？2011 年，位速营收大幅成长，主要因为打入宏达电热门机种 Wildfire S 供应链，热销千万支。但之后打入的机种如 Desire C 等，销售量都不尽理想。

3. 新客户占公司营收贡献够大

兴勤（2428）与聚鼎（6224）是敏感电阻制造商，敏感电阻是 3C 产品里的关键零组件，当电子产品开机时，负责承受电流以保护其他重要的电子组件。兴勤与聚鼎前后打入了苹果供应链，兴勤出货的产品是 iPhone、iPad 的 NTC（负系数热敏电阻），聚鼎则是 iPod、iPhone 的 PPTC（高分子正系数热敏电阻）。但仔细观察这两家公司的营收走势，与苹果新产品推出的时间点，关系并不大。原来这些热敏电阻虽然量很大，但由于单价低，所以对公司的营收贡献只占 5% ~ 10%，帮助有限。

但是，就苹果镜头供应链而言，又是另一番景象。大立光（3008）在 2009 年打入苹果的 iPhone 3GS 供应链，营收开始倍数增长；玉晶光（3406）2010 年打入苹果 iPhone 3GS 与 iPhone 4 供应链，营收也开始倍数增长（详见图 5-5-4）。苹果会对大立光、玉晶光的营收贡献如此显著，主要是因为手机相机模块的单价高，整体产业出货量又大的原因。

最后提醒大家，如果公司的成长并不是来自这 3 大成长动能，那么成长力道恐怕无法持续太久。若确实是来自这 3 大成长动能，也须进一步研究公司策略的成功机会是否够大。

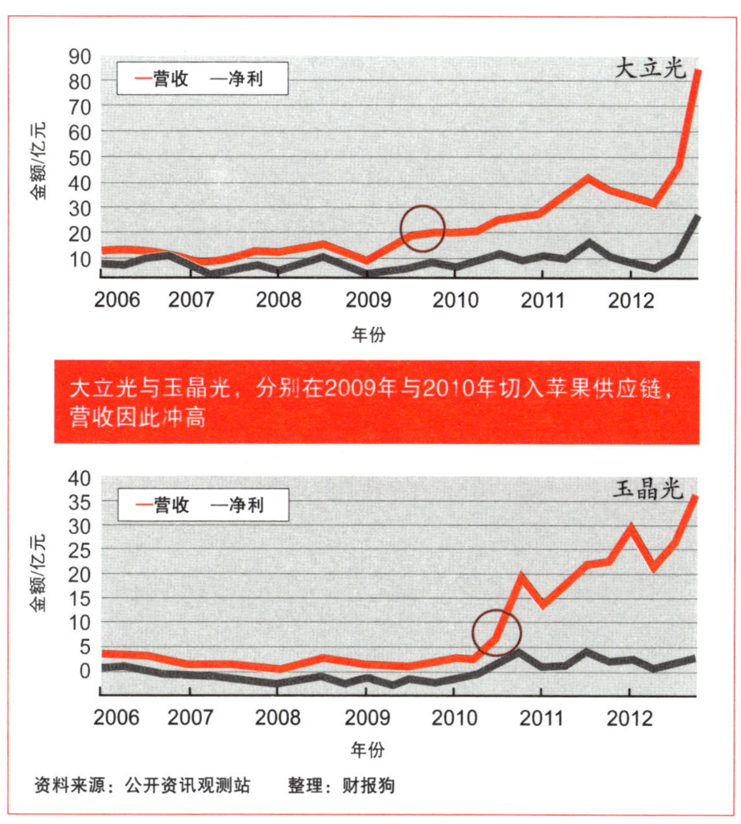

图 5-5-4 单价高且出货量大，新客户进补好业绩——大立光（3008）、玉晶光（3406）营收、净利

选股实战：7 大类存股好标的全面剖析

6-1 4道关卡严选 用合理价买进好股票

学会本书前5篇的分析方法，最终目的还是为了挑出值得长期投资的股票。本篇将综合前面所学，实际运用在操作上。基本方法是：首先，股票必须在获利性、安全性都符合以下条件的前提下，才能列入观察清单；其次，再通过价值评估、成长性这两项评价分析，确认股价合理后，才适合买进。

获利性分析

财报分析
1.ROE长期>15%
2.净利率长期>10%

行业分析
1.行业长期持平或向上?
2.公司具备长期竞争力?

安全性分析

财报分析
1.营业现金流对净利比>50%
2.自由现金流长期>0

行业分析
不具烧钱行业的4大特色

放入观察清单

◎**获利性分析：**

1. ROE 长期＞15%

2. 净利率长期＞10%

满足这两个条件，证明公司过去的长期获利稳定。同时，为了确定公司未来的获利可以一样好，必须再做两项行业分析：“公司所处产业长期持平或向上吗？”“公司具备长期竞争力吗？”当这些条件都满足，则可以判断公司的获利能力无虞。

◎**安全性分析：**

1. 营业现金流对净利比＞50%

2. 自由现金流长期＞0

获利好的公司不见得安全喔！这两个财务指标可以用来检验公司的安全性。“营业现金流对净利比＞50%”代表每赚100元，至少有50元现金入袋。“自由现金流长期＞0”，可知道公司在扣除投资的支出后，仍能留住钞票在口袋里。

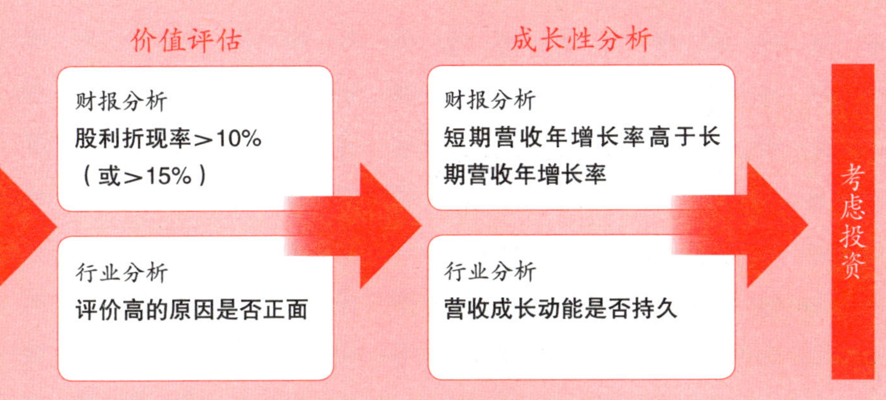

同时，还必须通过行业分析，确认公司不符合“烧钱行业的四大特色”来确认将来不会成为一家烧钱公司。

◎价值评估：

1. 总体经济形势一般时，股利折现率＞ 10% 为买点

2. 总体经济形势低迷时，股利折现率＞ 15% 为买点

我们在 PART 3 价值评估中提到了 3 种评估合理股价的方式，但我们最喜欢用的，还是从现金角度出发的股利折现评价。

若能通过以上获利性与安全性这两关的检验，而被列入观察清单，代表这家公司相当适合用股利折现评价来决定合理价格。在总体经济形势一般时，股利折现率大于 10% 就是可以考虑的买点了，若是总体经济形势低迷时，可以把条件再设严一点，大于 15% 时再考虑买进。

另外，公司出现合理买点时，记得再从行业分析的角度，确认公司出现高股利折现率的原因，若是因总体经济形势低迷或非经济议题而出现的股价大跌，可考虑勇敢买进；若股价大跌是因为行业危机或公司获利衰退所引起，则要进一步确认是否会继续恶化，此时则先观望为宜。

◎成长性分析：

短期营收年增长率穿过长期而上

列入观察清单的个股，若出现合理价格，其实已经可以考虑买进。另外，“成长性”则可以当作一个加分的选项，如果具备成长性，代表股价短期内上涨概率高；没有成长性的话，仍可考虑买进，但需要多一点耐心。

判断公司成长性的财务指标是长短期营收年增长率，只要短期（近 3 月累计）营收年增长率穿过长期（近 12 月累计）营收年增长率而上，代表公司具备成长动能。至于成长动能是否持久，可以通过行业分析，判断公司是否具备 3 大成长动能——新产品、新市场、新客户。

6-2 电信业 获利稳 但缺乏成长动能

就算是没有学过财务知识的人，只要讲到长期投资，脑中还是会马上冒出电信业，理由很简单，因为电信业的需求相当稳定，所以倒闭的概率应该不高。

中国台湾地区的电信业几乎由电信三雄垄断，其中，台湾大（3045）与远传（4904）的主要营收来源都是无线通信服务，占营收的 70% 以上；中华电（2412）的业务则较为广泛，囊括市话、网络服务、有线电视、跨国通信以及无线通信等范围。

不过，电信三雄真的是值得长期投资的股票吗？我们逐步运用本书的分析流程，分别从财报数据与行业分析来找出答案。

获利性分析　基本盘稳固，衰退概率不大

长期 ROE

台湾大的 ROE 在 2007 年以前稳定维持在 20% 左右，2009 年后因减资而大幅拉高至 25% ~ 30%，在电信三雄

中表现最优秀。中华电的 ROE 自 2003 年以来都维持在 10% ~ 15%，表现稳定；远传 ROE 虽呈长线衰退，但 2011 年起有企稳并改善的趋势，2012 年维持在 14% ~ 15% 之间（详见图 6–2–1）。

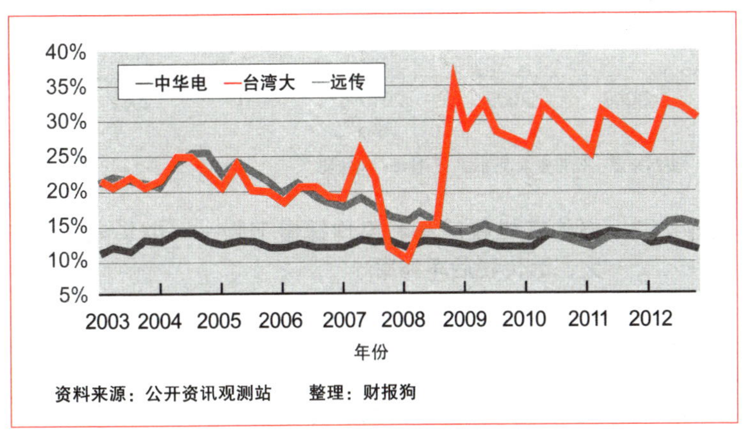

图 6–2–1　台湾大 ROE 因减资而大幅拉高——中华电、台湾大、远传近 4 季 ROE

长期净利率

电信三雄的净利率长期维持在 10% 以上，表现不错（详见图 6–2–2）。但从趋势来看，三雄的净利率都在缓慢下降中，除了因为庞大的电信设备资本支出、智能手机补贴而压缩获利外，行业的降价竞争也是已经存在的压力来源。

电信三雄的 ROE 长期来看算是稳定，台湾大表现最佳，远传勉强维持在 15% 左右，中华电不到 15%，表现最落后。

净利率方面，三雄税后净利率长期趋势都持续衰退，2013 年以前还可以靠营收成长来弥补；如果营收成长停滞时，净利率若再衰退，ROE 就有下滑的风险。

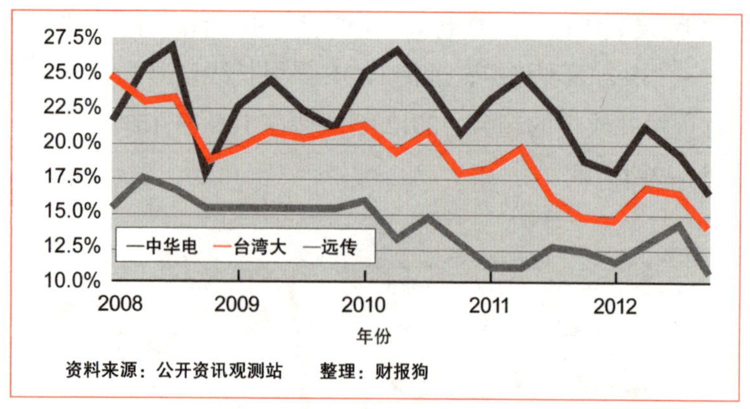

图 6-2-2 电信三雄税后净利率均缓慢下降——中华电、台湾大、远传税后净利率

行业分析

电信三雄的经营区域都在台湾地区，所以我们锁定台湾地区的电信业来研究，并推测未来的行业发展状况：

◎行业长期持平或向上？

1. 过去 10 年产值走势如何？ 在电信三雄的年报与公开数据中，找不到电信业产值的资料，不过没关系，三雄合体的市场占有率已经超过台湾电信业 95% 以上了，所以我们把三者的合并营收相加，当作是电信业产值。由于合并营收是 2007 年后才强制公布的，所以我们只能统计到 2007 年后的产值资料（详见图 6-2-3）。

可以发现，电信业 2007—2010 年是呈现停滞的状况，但 2011 年开始显著成长。为什么呢？原来 2011 年起智能手机渗透率大幅提高，从原本的不到 5%，经过 2 年的时间，大幅提高至超过 40%；而智能手机的每人平均月消费是 1 500 元左右，远高于传统手机 500 ~ 600 元。

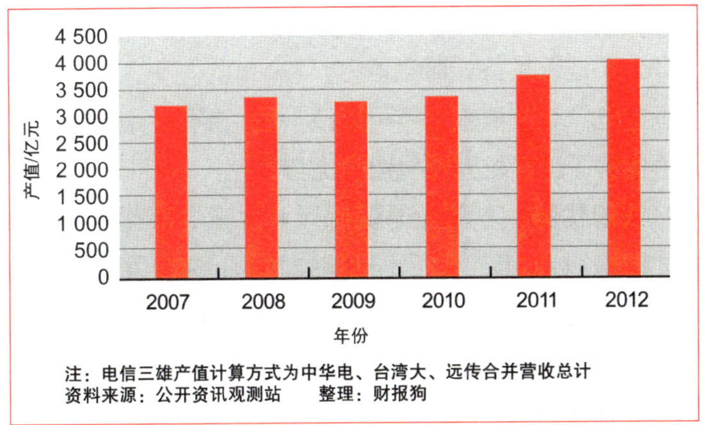

图 6-2-3　2011 年智能手机兴起，拉抬电信业产值——电信三雄产值

电信业的产值还可以成长多久呢？由于渗透率已超过 40%，未来成长空间有限，电信业的高成长率只维持到 2013 年，之后将进入成长停滞期，直到 4G 兴起后，平均月消费再度提高。

2. 影响产值走势关键为何？除了人口数，现在看来最重要的就是智能手机的渗透率了，智能手机渗透率在 2014—2015 年趋近饱和。

3. 行业有替代品危机吗？市内电话有逐渐被无线电话或网络电话取代的危机，目前三雄中只有“中华电信”有此项业务，而业绩也确实受到影响。至于三雄的主要业务——无线电话的部分，虽然也逐渐被无线数据传输所取代（例如智能手机的通讯程序 Line、WhatsApp 等），但无线数据传输也是三雄的业务，所以影响不大。

综合以上三点，电信业的营收在 2013 年以前，有较显著的成长，之后则进入停滞期或微幅成长，行业出现大幅衰退的机会不大。

◎公司是否具备长期竞争力？

确定电信业产值未来年可以持平后，接下来就要确认公司的竞争优势了。三雄有哪些竞争优势？

1. 法规优势：电信业是管制行业，三雄都花了大笔的执照费才取得 2G（第二代行动通信技术）、3G（第三代行动通信技术）的无线网络经营权，而中华电信更是垄断了最后一里（电信主干路通往用户的线路铺设）的营运。

2. 规模优势：三雄的无线电信市场占有率都是在 30% 左右，所以三雄中没有人有成本优势；但从另一方面来看，台湾地区尚有威宝、亚太等小型电信公司，和这些小公司比起来，电信三雄可以说是享有规模优势的。所以三雄当中，若没有人主动发起价格战，那么大家的获利可维持住。

根据以上的分析，电信三雄在产业趋势与竞争优势方面都没有太大问题，可以算是过关了。

安全性分析　现金稳稳入袋，安全无虞

营业现金流对净利比

观察营业现金流对净利比，除了台湾大在 2006 年短暂出现 70% 的成绩，但是长期来看，电信三雄在 2003 年后，几乎都稳定维持在 100% 以上。其中远传表现最好，平均在 200% 左右，“中华电信”与台湾大则维持在 150% ~ 200% 之间，代表三雄的营业现金都长期高于净赚的盈余，本业确实有赚进现金，很好（详见图 6–2–4）。

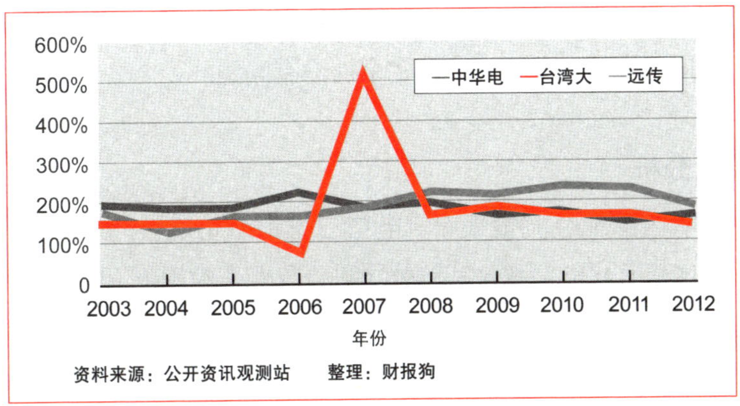

图 6-2-4 营业现金流对净利比稳定在 100% 以上——中华电、台湾大、远传营业现金流对净利比

自由现金流

2003—2012 年，中华电的自由现金流 9 年来都大于 0，表现最好；台湾大只有 2007 年小于 0，其他年度都大于 0；远传则是只有 2010 年小于 0，其他年度都大于 0（详见图 6-2-5）。如此看来，电信业虽然每年都砸大钱投资资本设备，但是赚进

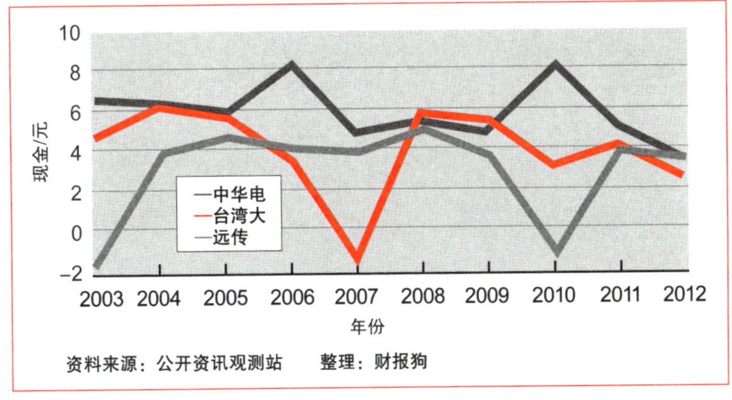

图 6-2-5 本业流入现金，几乎高于投资支出——中华电、台湾大、远传每股自由现金流入

的现金都比投资的花费多，是个不错的行业。总结以上两点，从财报上来看，电信三雄的安全性没有问题。

行业分析

从自由现金流量来看，电信三雄都不是烧钱的公司。那么，未来有可能会变烧钱的公司吗？我们来检视一下烧钱行业的 4 大特色：

1. 产品无法差异化？是的，电信业提供的服务，差异并不显著。

2. 产业依赖规模优势？是的，电信业是高资本支出产业，强烈依赖规模优势，用户越多，每人分担的固定成本就越低。

3. 低价技术持续研发中？不是，电信业技术持续演进中，但是往高速、高价技术发展中，而不是低价技术。

4. 当地政府砸钱补助？不是，由于电信业的法规垄断特性，电信公司多半是政府纳税的金母鸡，无须砸钱补助。

综合以上各点，电信业未来成为烧钱行业的可能性应该不大。

6–3 食品业 拥有高市场占有率 龙头股享品牌优势

民以食为天，食品业的需求和电子业比起来，可以说是稳定多了。食品业会是适合长期投资的行业吗？我们来看看几家台湾地区食品业的霸主。首先是生产中华豆腐、中华豆花的中华食（4205），年营收只有新台币 10 亿～ 12 亿元，看似微不足道，但它主宰了台湾地区盒装豆腐 70% 以上的市场。再来是年营收破百亿的佳格（1227），以桂格品牌闻名，其燕麦、健康油、成人奶粉等产品市占率都在 50% 左右，同样主宰这些市场。最后是年营收破千亿的统一（1216），其方便面、茶类饮料、酸奶、调味豆奶、布丁等产品也都是 40% 以上的高市场占有率。

获利性分析 长期表现稳定向上

长期 ROE

中华食的 ROE 相对稳定，大部分时间都在 10% ～ 15% 游走；统一则是 2009 年以后维持于 10% ～ 15%，两家公司的表现勉强可以接受。佳格表现较佳，2009 年之前的 ROE 也在

15% 左右，2009 年起因市场占有率提高，转投资的佳乳食品（产品为酸奶品牌优沛蕾、福乐乳品）、上海佳格等获利也持续改善，ROE 开始大幅成长，但 2011 年以来也出现了成长停滞的现象（详见图 6–3–1）。

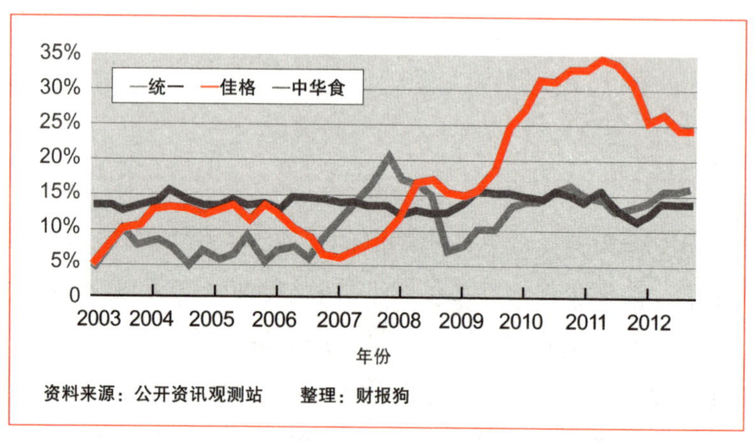

图 6–3–1　佳格 ROE 自 2009 年出现大幅成长——统一、佳格、中华食近 4 季 ROE

长期净利率

2003—2012 年这 10 年，中华食与佳格的净利率表现稳定，中华食在 10% ~ 15% 之间，佳格自 2009 年以后，净利率平均约在 17% 左右。统一产品以饮料类占大宗，淡旺季效应较明显，所以净利率波动较大，但 10 年间的平均值也大约在 14% 左右（详见图 6–3–2）。3 家公司的净利率看起来都没什么问题。综合来看，获利能力以佳格表现最佳。统一与中华食的 ROE 虽然相对较差，但长期表现稳定。

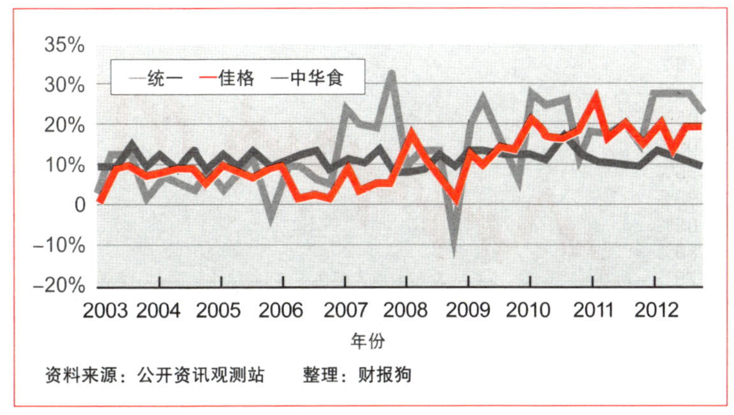

图 6–3–2 3 家公司净利率皆稳定大于 10%——统一、佳格、中华食税后净利率

行业分析

这三家公司都是台湾食品业的龙头，因此我们主要关注的是台湾的食品业，并推测此行业发展状况：

◎行业长期持平或向上？

1. 过去产值走势为何？ 3 家食品公司的营业范围差异很大，但共同点都是和批发零售与餐饮有关，从我们查找的相关资料中可以发现，台湾的批发零售与餐饮指数，过去 15 年是呈现长期上升的趋势（详见图 6–3–3）。

2. 影响产值走势关键为何？ 与食品业关系最大的，就是人口数目了，此外，民众对健康的重视也会影响食品业的发展，只要愈重视健康，民众就会愈注重食品的购买，不仅产品的平均价格得以持续提高，也因为民众对大厂较有信心，大厂市场占有率得以进一步提升。

3. 行业有替代品危机吗？ 食品业有替代品吗？当然没有。人可以不用电子产品，可以不交际应酬，但终究需要吃东西才

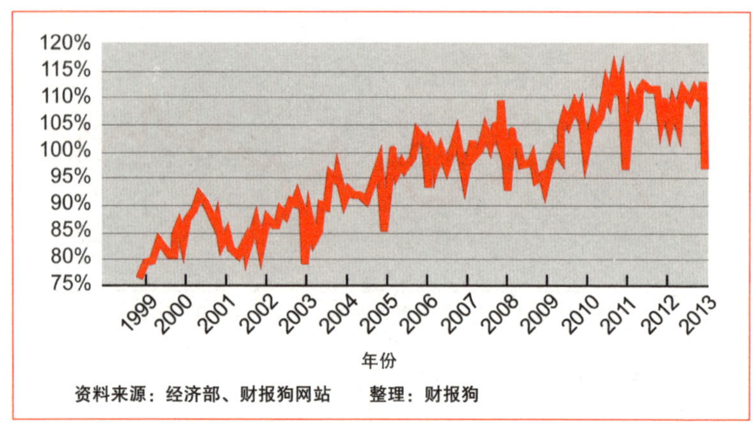

图 6-3-3　台湾批发零售与餐饮指数长期上升——批发零售与餐饮营业额指数

能活下来。

综合以上三点，我们认为食品业的产值在未来，短期内可能随景气波动，但长期还是呈现上升趋势。

◎公司是否具备长期竞争力？

了解食品业未来可以小幅成长后，接下来就要确认公司的竞争优势了。3 家公司有哪些竞争优势？

1. 品牌优势：要有品牌优势，势必要达成以下其中一点：第一，价格较贵，第二，客户忠诚度高。这 3 家食品公司产品的价格都不高，但顾客忠诚度都不错，顾客对这些品牌的质量都算有信心。

2. 规模优势：虽说 3 家公司都有品牌优势，但主要强项还是在规模优势。由于在各自产品领域都拥有最高的市场占有率，比起其他竞争对手，都能够享有规模优势。

根据以上分析，我们认为 3 家食品公司在行业趋势与竞争优势上都表现良好，过关！

安全性分析　需求不坠，现金流稳定性高

营业现金流对净利比

观察 2003 年以来 3 家食品公司的营业现金流对净利比，以中华食最稳定，9 年来都在 100% ~ 160% 之间。统一起伏较大，除了 2007 年未达到 50%，其他年度多半也在 90% 以上。佳格呈下滑趋势，2008 年以前还能维持约 150% 以上，2009 年与 2010 年下滑到 100% 左右，2011 年则掉到 70%（详见图 6–3–4）。

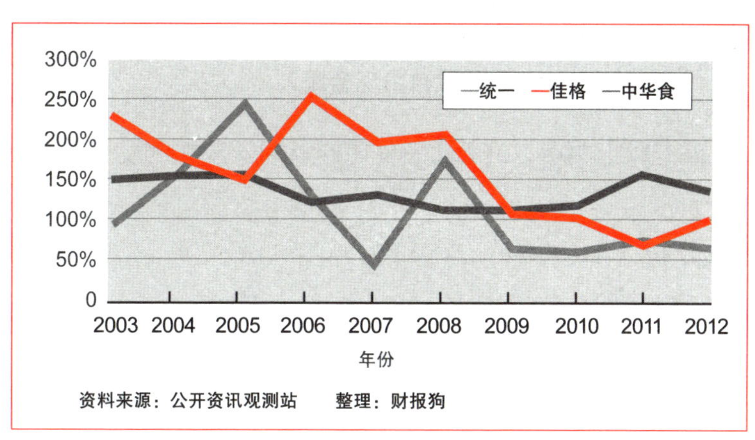

图 6–3–4　中华食营业现金流对净利比表现较稳定——统一、佳格、中华食营业现金流对净利比

自由现金流

3 家公司 8 年来的自由现金流，佳格和中华食不相上下，营业现金扣除投资支出之后还有盈余。统一则因为转投资事业较多，投资现金流出较大，因此自由现金流表现较差，但还是保持在相当健康的水平，除了在 2003 年为负，其他都大于 0（详见图 6–3–5）。

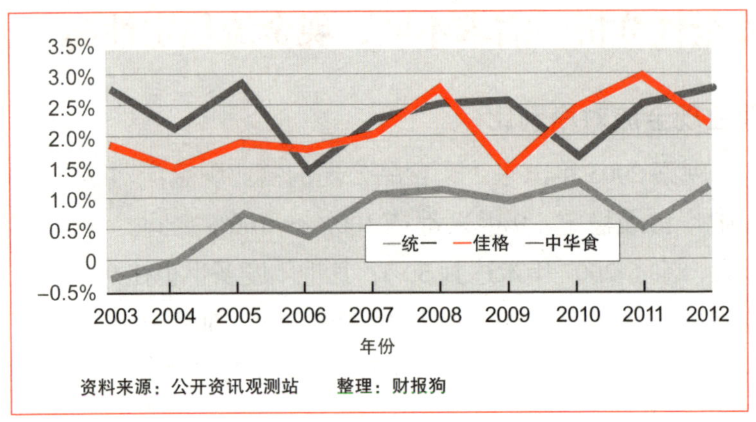

图 6-3-5 佳格、中华食自由现金流维持高水准——统一、佳格、中华食每股自由现金流入

根据以上两点，3 家食品公司的财报安全性都没有问题。

行业分析

从自由现金流量来看，3 家食品公司都不是烧钱的公司。那么，未来可能会变烧钱的公司吗？我们来检视烧钱行业的 4 大特色：

1. 产品无法差异化？食品业差异化程度虽不大，但由于大众对食品质量的要求越来越高，因此大厂仍享品牌优势。

2. 产业依赖规模优势？是的，食品业也是依赖规模优势的行业。

3. 低价技术持续研发中？不是。食品业已存在数千年，行业基本上是往更健康、更高质量的方向走，低价技术并不流行。

4. 当地政府砸钱补助？没有。

综合以上各点，食品业未来成为烧钱行业的可能性不大。

6-4 保安业　获利稳定 经济不景气时浮现好买点

提到保安业，大家一定会马上联想到两家公司：中保（9917）与新保（9925）。中保与新保主要的业务是系统保安，其中商业用户约占 80%，家用约占 20%。除了本业，中保与新保也转投资不少与保安相关的业务，如驻卫警、运钞、大楼管理等。保安业是不是优质的长期投资？当然是。若从 2002 年年底投资中保或新保至 2012 年年底，10 年的年化报酬率高达 16% ~ 17%，比大家印象中的长期投资概念股中钢（10 年年化报酬率 14.8%）与中华电（10 年年化报酬率 11.4%）还要高。以下就是保全业双杰的分析：

获利性分析　未来可维持微幅成长

长期 ROE

中保与新保的ROE都相当稳定，中保ROE长期在12% ~ 20%之间，新保则是在10% ~ 18%之间，趋势都是持平（详见图6-4-1）。所以从ROE来看，中保比新保略胜一筹。

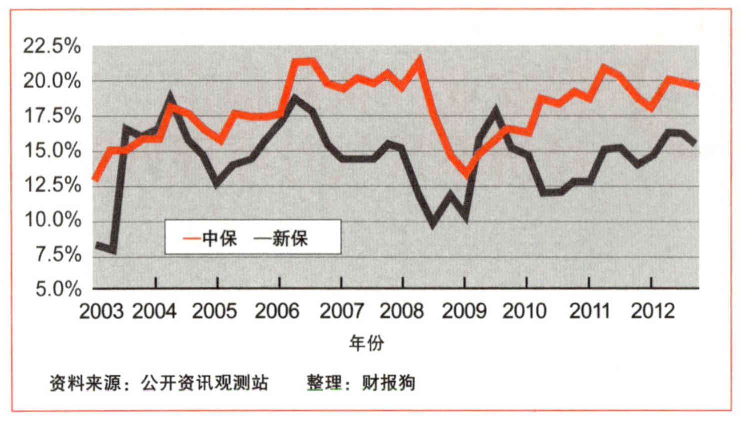

图 6-4-1　2003—2012 年保全双杰 ROE 稳定持平——中保（9917）、新保（9925）近 4 季 ROE

长期净利率

两家公司的税后净利率看起来都相当不错，2008—2012 年来多半在 10% ~ 15%；只有在金融危机的 2008—2009 年出现较大幅的波动（详见图 6-4-2），其中又以新保波动较大，

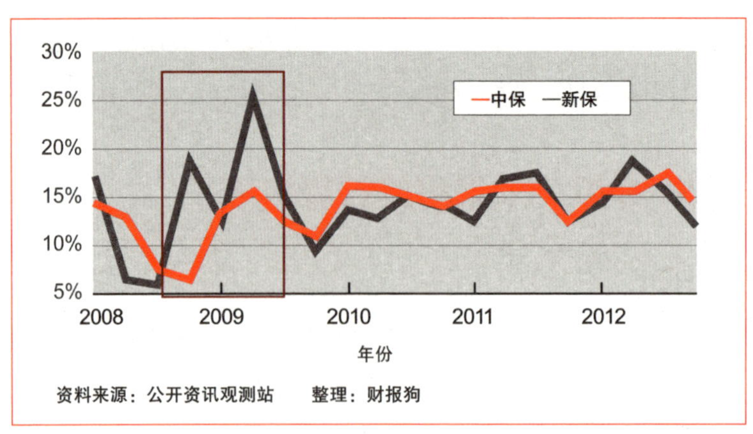

图 6-4-2　净利率仅金融危机时出现较大波动——中保、新保合并税后净利率

因其子公司“新保投资”投资了许多与景气连动较深的股票。中保与新保的获利能力都在水平之上，其中又以中保表现较佳，应与中保的市场占有率较大、较具规模优势有关。

行业分析

虽然新保开始踏入泰国保安业，但新保与中保的主要经营区域还是在中国台湾地区，所以我们锁定台湾地区的保安业来研究，并推测此行业发展状况：

◎行业长期持平或向上?

1.过去产值走势为何? 由于保安业在台湾是较小的行业，所以没有相关的统计资料。不过如前所述，中保与新保已合占了台湾地区保安约90%的市场，所以我们同样可以用中保与新保的合并营收，当作是整个系统保安业的产值（详见图6-4-3）。

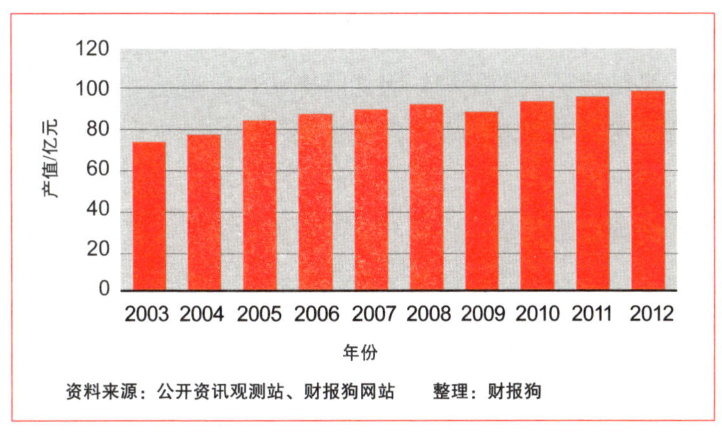

图 6-4-3　保安产业成长率近年略见趋缓——中保与新保产值

可以看到，系统保安业的 10 年复合成长率约为 3.5%，与现在的 GDP 成长率差不多，表现不差。但可以发现，行业成长率有逐渐下滑的趋势，需要留意。

2. 影响产值走势关键为何？由于中保与新保的营收 80% 以上来自于商用保安，与保安业关系最大的，就是商店数目，也可以说是整体景气的荣枯。只要未来台湾地区的经济成长可以维持在 2% ~ 3% 之间，保安产业应该就可以维持正成长。

3. 产业有替代品危机吗？保安业就是提供企业或家庭财产安全保卫的行业，从古代的“镖局”到如今的保安业，虽然服务项目和形态有所改变，但企业商号对于财产安全保卫的需求却不曾消失，所以保安业出现替代品危机的概率不大。

综合以上 3 点，我们认为只要台湾地区经济可以持续成长，保安业应该可以持续微幅成长。

◎公司是否具备长期竞争力？

确认保全业未来应可持续微幅成长后，接下来就要确认公司的竞争优势。新保与中保有哪些竞争优势？

1. 品牌优势：中保与新保的服务价格，都比一般小型系统保安公司贵，可以说都享有品牌优势；相较之下，中保的价格又比新保再贵一些，可以说中保的品牌优势又比新保稍高。

2. 转换成本优势：一般商家或家庭装设保安系统之后，若要更换是相当麻烦的一件事，必须重新找业者来安装、设定、估价，并且要习惯新系统的使用，所以，中保与新保都算享有转换成本优势。

3. 规模优势：由于保安业需要建立许多电子线路，也需要派员到处巡逻，这些都是固定成本，只要客户越多、密度越高，每个客户的成本就可以压低。

跟小型系统保安业者相比，保全双杰皆享有规模优势；而中保市场占有率更高，成本优势又更强。

根据以上分析，我们认为中保与新保在产业趋势与竞争优势方面都表现不错，双双过关，其中，中保又比新保更好一些。

安全性分析　现金皆稳定入袋，财务体质健康

营业现金流对净利比

中保、新保的营业现金流对净利比，8 年（2005—2012 年）间几乎都稳定维持在 100% 以上，表现相当优秀，中保又比新保更好、更稳健（详见图 6-4-4）。

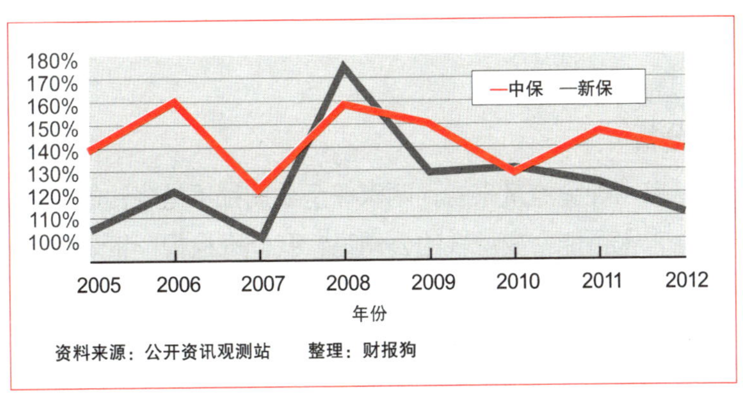

图 6-4-4　中保营业现金流对净利比表现较稳定——中保、新保营业现金流对净利比

自由现金流

中保与新保 8 年间的自由现金流都大于 0，表现相当好，不过中保又比新保更高一些（详见图 6-4-5）。

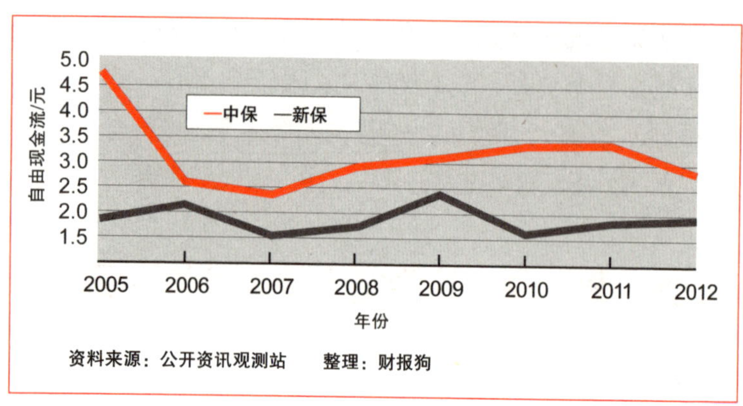

图 6-4-5　中保自由现金流高，财务较安全——中保、新保每股自由现金流入

根据以上两点，中保与新保在安全性的财报数据上都没有问题。

行业分析

从自由现金流量来看，两家保全公司都不是烧钱的公司。那么，未来可能会变烧钱的公司吗？我们来检视一下烧钱行业的 4 大特色：

1. 产品无法差异化？保安业就是保障企业、家庭财产安全，差异化程度不大。但是有品牌的大型保安公司，毕竟还是更令人安心。

2. 产业依赖规模优势？是的，客户越多，每个客户负担的单位成本就越低。

3. 低价技术持续研发中？不是。保安业已存在相当多年了，并无所谓低价技术，加上犯罪手法日新月异，保安业的附加价值也会持续增加。

4. 当地政府砸钱补助？没有。

综合以上各点，保安业未来成为烧钱行业的可能性不大。

6–5 工业计算机 挟新市场需求 短期成长可期

你有到便利超商打印文件、购买高铁票、抢买演唱会门票的经验吗？你所使用的这种自助电子服务设备，就是“工业计算机”的其中一种产品。

有别于仁宝（2324）、纬创（3231）代工的标准型计算机，工业计算机专指工业的自动化设备，简单讲就是特殊用途的计算机，包括医疗用途、服务业用途（如 ATM、POS、自动售票机、数字电子广告牌）、公共事业用途（如捷运售票系统）、影像监控、网络通信等，应用领域非常多样，整体需求也随着应用广泛而稳定成长中。

研华（2395）是中国台湾地区最大、世界第二大的工业计算机厂商，产品线横跨工业、娱乐、网通、医疗、监控、国防等，可以说是无所不包。飞捷（6206）与振桦电（8114）则是专注在 POS（销售点管理系统，例如餐厅里的触控点菜、商店结账系统）上。其中，飞捷以代工为主，而振桦电则是以自有品牌为主。根据 2006—2012 年的财报披露的数据，我们对于这 3 家工业计算机公司的分析如下：

获利性分析　呈长线下滑走势

长期 ROE

3 家公司的 ROE 都长期维持在 15% 以上，表现都非常优秀。龙头股研华的 ROE 虽然最落后，但也最稳健，大部分时间维持在 20% ~ 25% 之间。振桦电 ROE 最佳，却呈长线下降走势，但还是维持在 25% ~ 30% 之间。表现介于中间的飞捷，也呈现长线下滑的走势，2011—2012 年维持在 20% ~ 25% 之间（详见图 6–5–1）。

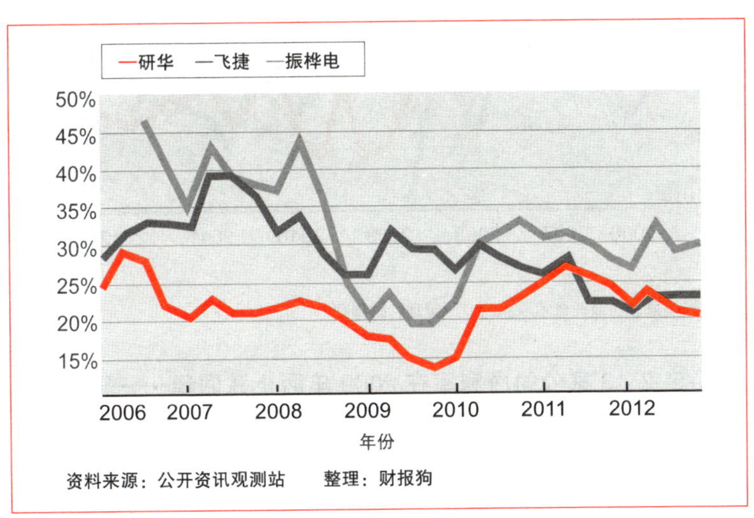

图 6–5–1　研华 ROE 尽管较低，表现却最稳健——研华、飞捷、振桦电近 4 季 ROE

振桦电与飞捷长线下滑，主因 POS 的主要销售地欧美经济发展疲弱。但 2012 年以来已止稳，其后在中国大陆与东南亚市场发展顺利，ROE 得以再拉升。

长期净利率

3 家公司的税后净利率都在 15% ~ 20% 之间，就算在金融危机时也都维持在 10% 以上。长线来看，研华呈现下降走势，但 2009 年后已经守稳；飞捷则是持平，振桦电则是在 2009 年前出现下滑，但 2009 年后呈现上升的走势（详见图 6–5–2）。

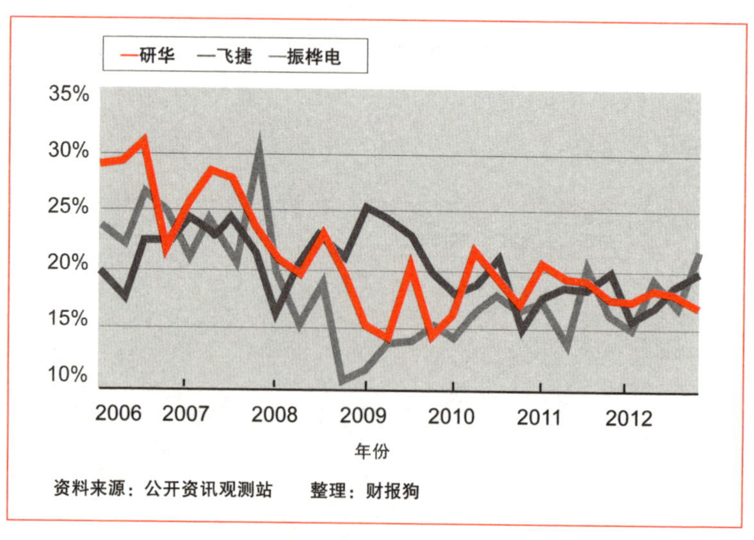

图 6–5–2　3 家公司净利率在 2009 年后止跌回稳——研华、飞捷、振桦电税后净利率

行业分析

研华的产品几乎横跨整个工业计算机产业，飞捷与振桦电则营销全球，因此我们可以观察全球的工业计算机市场，并推测此产业的发展状况：

◎行业长期持平或向上？

1. 过去产值走势为何？我们先来看全球工业计算机产业产值走势，根据玉山投顾的研究报告可以发现，全球嵌入式板卡（编按：工业计算机的主要组件）产值在 2008—2012 年持续成长（详见图 6-5-3），成长率在 8% ~ 10% 之间，可以说是表现相当出色了。

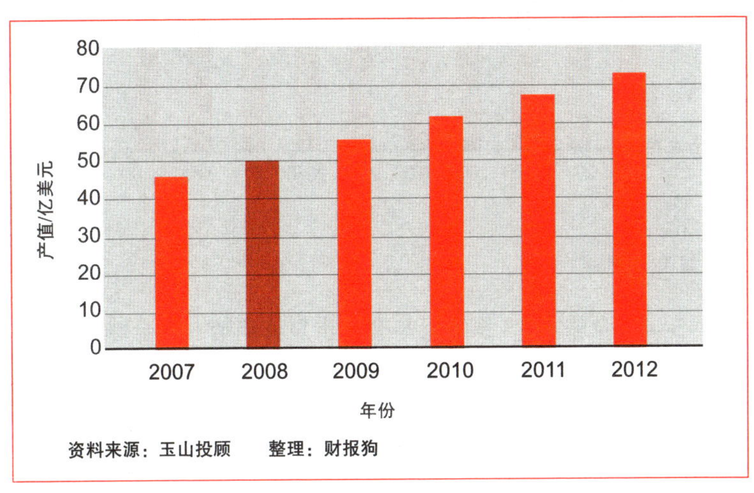

图 6-5-3　2008—2012 年工业电脑产值持续成长——全球嵌入式板卡产值

飞捷与振桦电的 POS 产品，市场涵盖全球，所以我们要看的是全球 POS 产值走势。根据相关统计数据显示，全球 POS 系统以 5% 左右的速度成长，也算是不错。进一步来看，2007 年以前 POS 系统的成长率很高，但 2007 年后即快速萎缩（详见图 6-5-4）；原来 2007 年后 POS 主力销售地区欧洲、北美已渐趋饱和，所以整个行业的成长率大幅下降。不过，可以发现 2009 年后 POS 系统销售有逐渐复苏的趋势，主因中南美洲的国家、中国大陆、亚洲其他国家等地崛起，让整个 POS 产业又燃起了另一股成长动能。

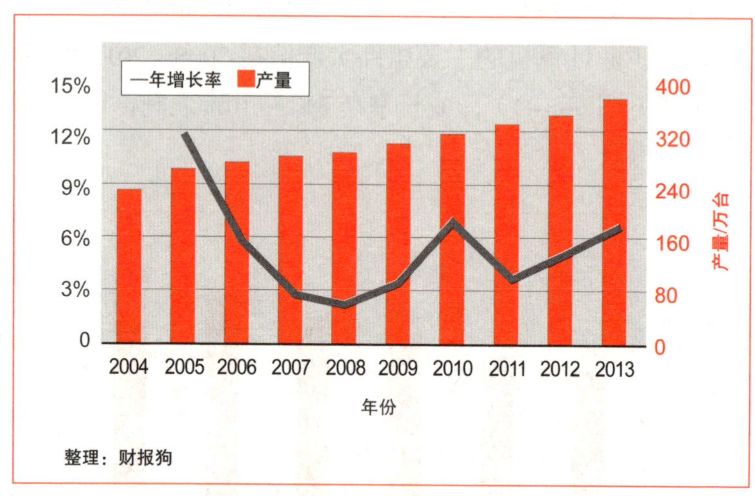

图 6–5–4　全球 POS 系统近年有缓步复苏趋势——全球 POS 系统产量、年增长率

2. 影响产值走势关键为何？当经济景气时，各行各业对工业计算机的需求就会提升；经济不景气时，需求就会下降，所以影响工业计算机产值的主要因素是景气。

3. 行业有替代品危机吗？由于工业计算机的客户所属产业包罗万象，只要社会持续演进，对特殊计算机的需求就会增加；尤其未来是个差异化的时代，工业计算机短期内不易出现替代品危机。

综合以上三点，我们认为工业计算机未来应能持续小幅成长。

◎公司是否具备长期竞争力？

确认工业计算机未来有可持续小幅成长后，接下来要检视公司的竞争优势，这 3 家公司的竞争优势分析如下：

1. 品牌优势：研华与振桦电都是以发展自有品牌为主，自有品牌比率超过 70%，产品价格较高；飞捷则是以代工为主，价格较低。值得注意的是，飞捷在中国大陆市场也开始发展自有品牌策略。

2. 转换成本优势：转换成本可以说是各工业计算机厂商最强大的竞争优势。由于工业计算机用途特殊，且须长时间连续运作，甚至是在恶劣环境下使用，因此对产品耐用性、可靠度很讲究。再加上产品的设计较为复杂、价格也较高，购入后需要长期配合和维护，所以顾客更换供货商的可能性并不大。

根据以上的分析，我们认为 3 家工业计算机厂商在行业趋势与竞争优势方面都表现不错，全部过关。

安全性分析　现金稳定流入，安全无虞

营业现金流对净利比

研华、飞捷的营业现金流对净利比较为稳健，2006—2012 年几乎都维持在 75% ~ 125% 之间，表现良好；振桦电的波动较大，但是除了 2010 年之外，其他时间都大于 100%，也算是相当不错了（详见图 6-5-5）。

自由现金流

3 家公司的自由现金流都长期大于 0，代表没有入不敷出的现象，看起来相当健康（详见图 6-5-6）。

总结以上两点，3 家公司的安全性都没有问题。

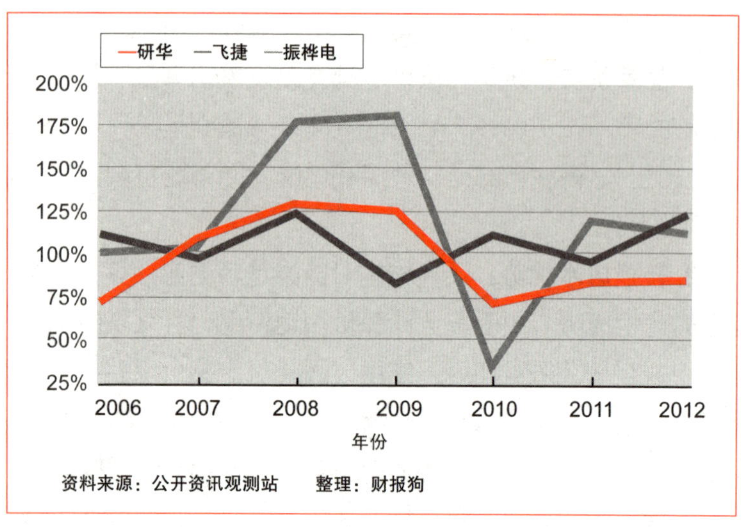

图 6-5-5 研华、飞捷营业现金流对净利比较稳健——研华、飞捷、振桦电营业现金流对净利比

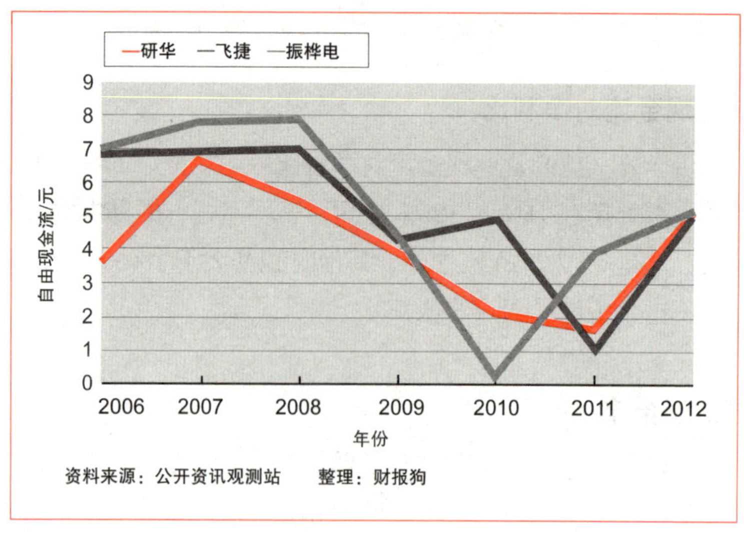

图 6-5-6 3 家公司自由现金流长期皆为正值——研华、飞捷、振桦电每股自由现金流入

行业分析

从自由现金流量来看，3 家公司都不是烧钱的公司。那么，工业计算机未来可能会变烧钱的产业吗？我们来检视一下烧钱行业的 4 大特色：

1. 产品无法差异化？工业计算机最大的特色就是差异化，不同行业、不同公司会对工业计算机有不同的需求。

2. 产业依赖规模优势？否。工业计算机产品主要特色为少量多样，较无规模优势。

3. 低价技术持续研发中？否，无低价技术研发中。

4. 当地政府砸钱补助？没有。

综合以上各点，工业计算机产业未来成为烧钱行业的可能性不大。

6–6 医材业　财报绩优生 稳稳赚健康概念财

提到生物技术行业，大家可能马上联想到本梦比超高、投机性强的新药、原料药公司；其实台股中有一个生技族群是适合长期投资的，就是医材业，台湾有两家体制健全的医材公司五鼎（1733）与百略（4103）。五鼎的主要产品是血糖测试机与测试片，全球市场占有率只有 2%；百略主要产品为数字体温计与数字血压计，其中数字体温计的全球市场占有率高达 40%，全球第一。两家公司市场占有差很大，但都是财报表现优良的绩优股，差异在哪？让我们继续看下去。

获利性分析　行业随全球人口老化维持高成长

长期 ROE

五鼎与百略的 ROE 都相当稳定，五鼎 ROE 长期在 25% ~ 35% 之间，百略则是在 15% ~ 25% 之间，趋势都是持平。所以从 ROE 观察，五鼎比百略高出一截。值得注意的是，两家公司就算在金融危机时，ROE 还是保持在 15% 以上，显示它们在经济不景气时还是可以稳定赚钱（详见图 6–6–1）。

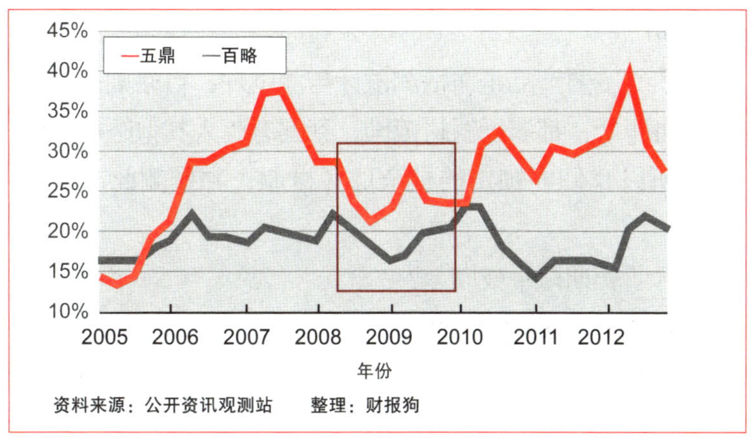

图 6-6-1 即便遇金融危机，2 家公司 ROE 仍逾 15%——五鼎（1733）、百略（4103）近 4 季 ROE

长期净利率

两家公司的税后净利率看起来都相当稳定，五鼎在 20% ~ 30% 之间徘徊，而百略则多在 10% ~ 15% 之间；获利能力都在水平之上，又以五鼎表现较佳（详见图 6-6-2）。

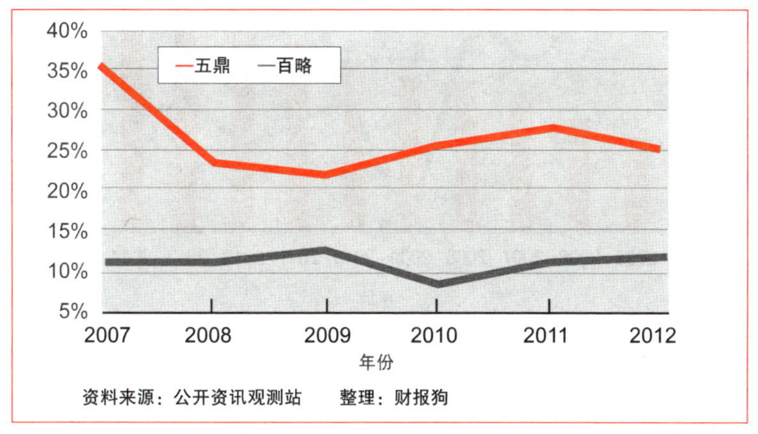

图 6-6-2 税后净利率表现佳，五鼎略胜一筹——五鼎、百略税后净利率

行业分析

五鼎的主要产品是血糖测试计与测试片，百略则是数字体温计与血压计，都属于医材范围，且都有跨入其他医材领域的计划，所以我们要锁定的是全球医材业，并推测此产业的发展状况：

◎行业长期持平或向上？

1. 过去产值走势为何？根据 Venture Outsource 的调查，可以看到全球医材代工产值走势（详见图 6–6–3）。2008 年之前，医材代工业的成长率（即“年增长率”）超过 15%，可以说是高速成长；2010 年后则是下降至 10% 左右，也算很不错。行业的高成长，除了来自医材需求随着人口老化而逐渐提升外，也显示因生产成本逐渐增加，医材大厂逐渐释出订单给代工厂。

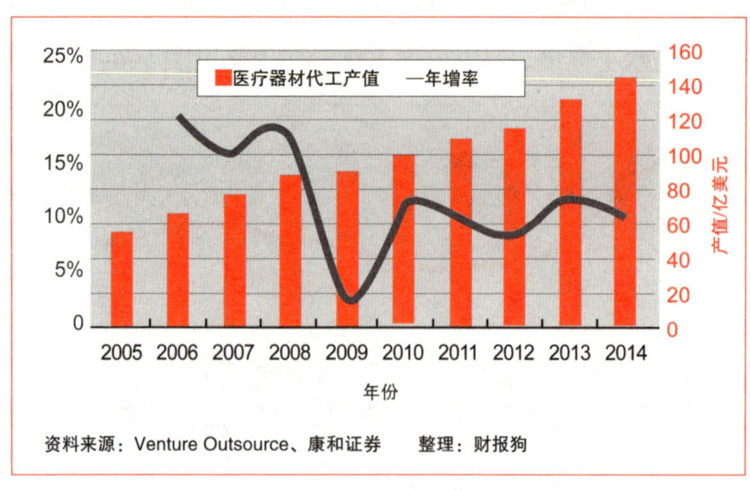

图 6–6–3　2010 年后医疗代工成长率下降至约 10%——全球医疗代工产业产值、年增长率

2. 影响产值走势关键为何？五鼎的血糖计适用对象是糖尿病患者，百略的血压计适用对象是高血压患者，所以影响这些产值走势的主要因素，就是糖尿病与高血压的全球患者比率。由于糖尿病与高血压都是文明病，随着社会进步，文明病患者的比率都在快速上升中。

3. 有替代品危机吗？除非医学进步，使这些文明病发生的概率大幅降低，或是治愈率大幅提升，否则短期内不易出现替代品。

综合以上 3 点，我们认为整个医材业，特别是血压计、血糖计这些产品，未来产值应可持续提升。

◎公司是否具备长期竞争力？

在确认医材业未来应可持续成长后，接下来就要确认公司的竞争优势了。五鼎与百略有哪些竞争优势？

1. 品牌优势：百略的血压计自有品牌比率约为 50%，体温计的自有品牌比率则是 20% ~ 30%，具有一定程度的品牌优势。五鼎的自有品牌比率只有 10% ~ 20%，价格又偏低，可以说是没有品牌优势。

2. 转换成本优势：转换成本优势是五鼎的强项。在五鼎的营收当中，血糖测试机约占 20%，毛利很低，可说是赔本出售。难道五鼎是善心大发吗？当然没那么简单，当使用者买了五鼎的测试机后，就一定要搭配五鼎的测试片，所以使用者的转换成本相当高。可以看到在五鼎的营收当中，血糖测试片约占营收的 70%，且毛利超过 50%。这样的商业模式与打印机很相似，打印机一般都很便宜，而墨盒都很贵。

3. 规模优势：五鼎市场占有率低，并未享有规模优势；百略在数字血压计、体温计上享有高市场占有率，因此拥有规模优势。

综合以上 3 点，医材产业趋势往上，而百略享有品牌优势与规模优势，五鼎则是有转换成本优势。

安全性分析　没有过度投资情况，安全无虞

营业现金流对净利比

五鼎、百略的营业现金流对净利比，2007—2012 年大部分时间都大于 100%，偶尔较低的年度也是大于 50%，算是挺稳健的（详见图 6–6–4）。

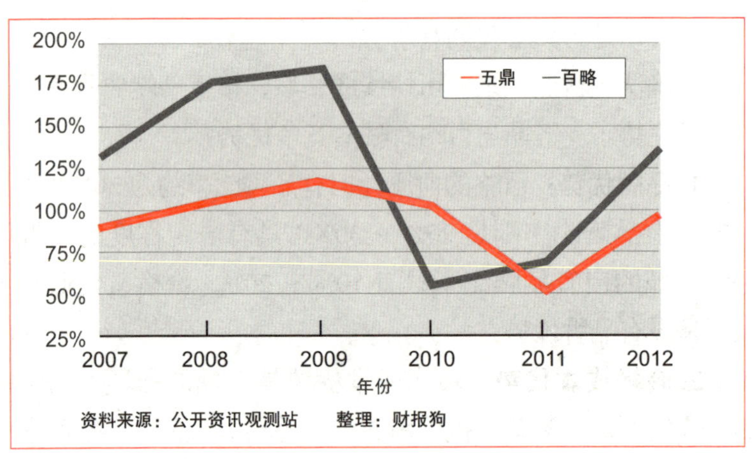

图 6–6–4　五鼎、百略营业现金流对净利比稳健——五鼎、百略营业现金流对净利比

自由现金流

百略 6 年间的自由现金流都大于 0，五鼎也只有在 2009 年时自由现金流小于 0，其他年度都是大于 0 的情况，代表两者都没有过度投资的问题（详见图 6–6–5）。从财报数据观

察，五鼎与百略的安全性都没有问题。

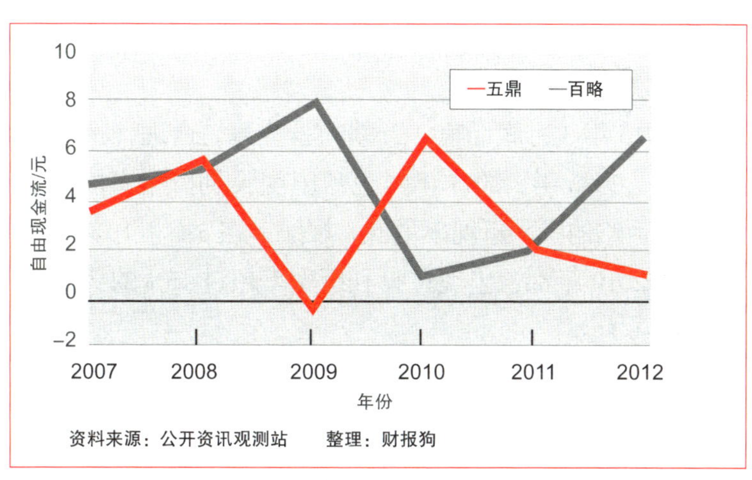

图 6-6-5　2007—2012 年自由现金流多为正值——五鼎、百略每股自由现金流入

行业分析

从自由现金流量来看，两家医材公司都不是烧钱的公司。那么，未来可能会变烧钱的公司吗？我们来检视一下烧钱行业的 4 大特色：

1. 产品无法差异化？血糖计的精确度好坏差很多，而精确度对于血糖计相当重要，所以是有差异化的。相较之下，血压计与体温计的差异化程度较低。

2. 行业依赖规模优势？血糖计、血糖测试片较不依赖规模优势；血压计与体温计则较依赖规模优势。

3. 低价技术持续研发中？不是，行业持续往更高质量、综效的产品演进。

4. 当地政府砸钱补助？没有。

综合以上，五鼎、百略所属产业成为烧钱行业的可能性不大。

价值评估　买点多出现在总经状况差时

股利折现评价

就 2013 年 3 月底而言，五鼎的股价算是合理，股利折现率约 10%；2008 年、2011 年时也曾出现股利折现率接近 15% 的买点。百略的股利折现率稍低，报酬率在 5% ~ 10% 之间，而 2008—2010 年都曾出现过股利折现率超过 15% 的买点（详见图 6–6–6）。

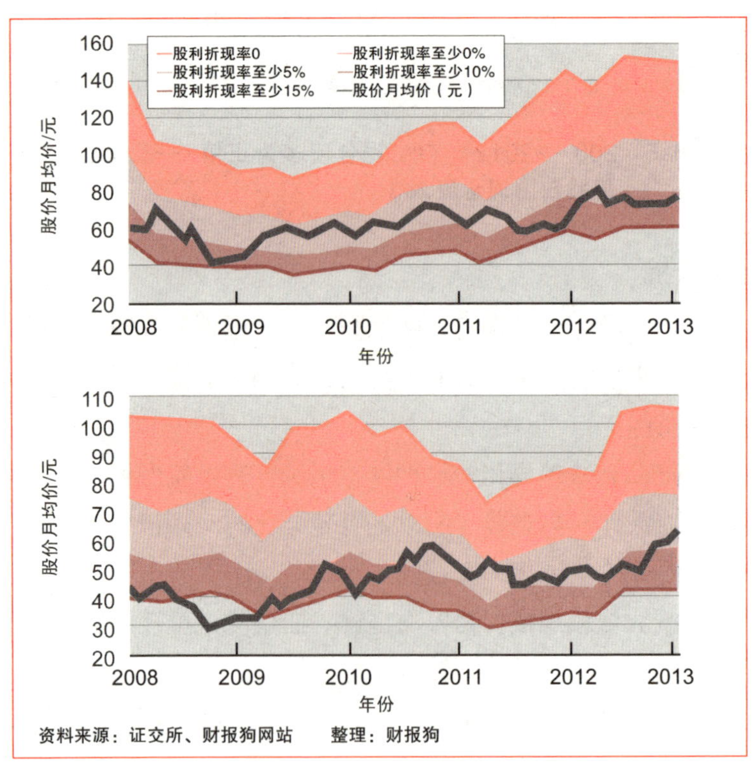

图 6–6–6　2013 年初五鼎股利折现率约 10%——五鼎股利折现率、股价月均价（上图），百略股利折现率、股价月均价（下图）

行业分析

五鼎与百略的获利与其所在行业近来都不曾出现大问题，所以股价出现买点的时间，多是总体经济状况差的时候。因为总体经济状况差而出现的买点，买就对了。

6-7 保健食品　品牌忠诚度高 葡萄王成获利王

葡萄王（1707）不仅是消费者耳熟能详的公司，也是2012年的大飙股之一。这只股票，一口气从2012年年初的36.9元涨到2012年年底的76.7元，涨幅超过1倍，到2013年3月底时已超过90元。葡萄王的营收来源的90%以上为保健食品，知名产品包括灵芝王、樟芝王、康贝儿乳酸菌等。为什么葡萄王会涨得这么凶悍？有长期竞争力吗？是适合投资的公司吗？请见以下分析：

获利性分析　受惠百姓保健意识抬头

长期 ROE

具有获利能力的股票，ROE最好能长期持平或向上。2009年后，葡萄王的ROE在就维持在15%以上，而且2005年后趋势即长期上升，正是我们最喜欢的类型（详见图6-7-1）。

图 6-7-1 葡萄王 ROE 呈长期向上趋势——葡萄王（1707）近 4 季 ROE

长期净利率

葡萄王净利率长期大于 10%，而且也是呈现向上的趋势（详见图 6-7-2），可见葡萄王的获利能力相当不错，且仍在持续进步中。

图 6-7-2 葡萄王净利表现佳且持续进步——葡萄王净利率

产业分析

葡萄王的营收中，超过 90% 为保健食品，销售地区则是集中在台湾，因此台湾的保健食品产业就是葡萄王所属行业。我们来推测此行业发展状况：

◎行业长期持平或向上?

1. 过去产值走势为何? 根据 ITIS 的统计资料，2002—2015 年中国台湾地区保健食品市场稳定成长，年成长率在 2% ~ 12% 之间，可以说是相当健康（详见图 6–7–3）。

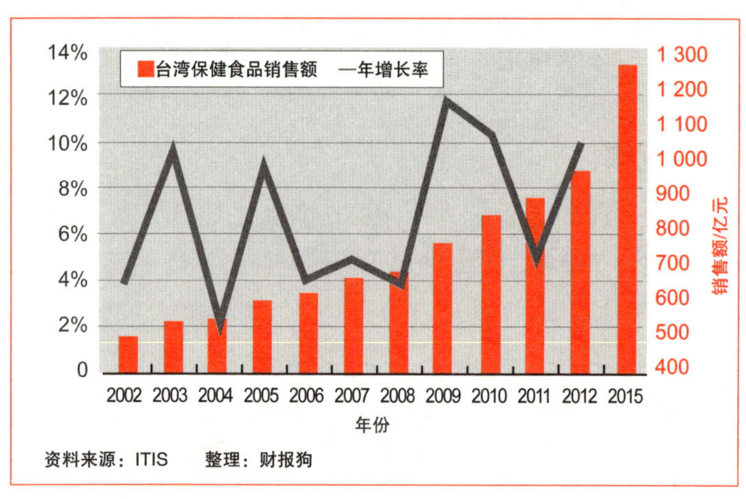

图 6–7–3　台湾保健食品市场自 2003 年起稳定成长——台湾保健食品销售额、年增长率

2. 影响产值走势关键为何? 影响保健食品产值走势的最大关键，是中老年人口比率，而这个比率在台湾地区无疑是快速增加的。

3. 行业有替代品危机吗? 除非医学技术进步神速，快速改善人体的健康，否则消费者还是十分依赖保健食品的。

综合以上三点，台湾保健食品行业未来仍可持续成长。

◎公司是否具备长期竞争力？

确认保健食品业未来可持续成长后，接下来就要检视公司的竞争优势了。我们整理出葡萄王的竞争优势如下：

1. 品牌优势：葡萄王品牌响亮自然不在话下，电视三不五时就传来“葡萄王 XX 王”的广告台词，消费者对这个品牌也有一定的信心。此外，葡萄王拥有台湾第一大本土品牌直销公司——葡众，作为其产品的通路。由于保健食品与健康有关，需要口耳相传才能帮助销售，葡众可以说是大大提高了顾客的忠诚度，2012 年年底已超过葡萄王总营收的 70%。

2. 规模优势：由于葡萄王的多项产品如乳酸菌、营养液、樟芝王、灵芝王等市场占有率都相当高，拥有台湾最大的发酵槽产能，故比同业享有更强的规模优势。

根据以上的分析，葡萄王在行业趋势与竞争优势方面都没问题。

安全性分析　持续扩厂投资，每年仍有现金入袋

营业现金流对净利比

自 2005 年后，营业现金流对净利比每一年都大于 50%，代表葡萄王本业确实有赚进现金，很好（详见图 6-7-4）。

自由现金流

葡萄王每年投资现金流都花了不少钱，代表公司持续在扩

厂增加产能。但是，投资现金流出始终小于营业现金流入，所以自由现金流长期为正，没有入不敷出的现象，也呈现上升趋势，看起来也相当健康（详见图 6–7–5）。

图 6–7–4　葡萄王营业现金流对净利比维持逾 50%——葡萄王营业现金流对净利比

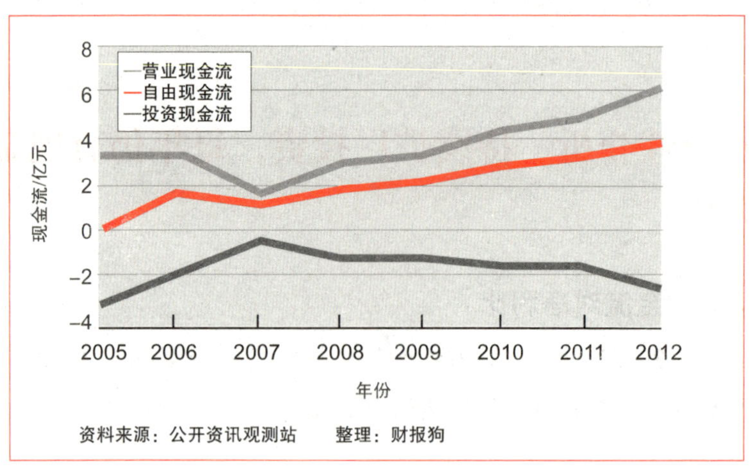

图 6–7–5　葡萄王自由现金流每年皆在 0 以上——葡萄王营业、自由、投资现金流

总结以上两点，葡萄王在财报的安全性表现良好，没什么问题。

行业分析

从自由现金流量来看，葡萄王并不是烧钱的公司。那么，未来可能会变烧钱的公司吗？我们来检视一下烧钱行业的 4 大特色：

1. 产品无法差异化？有差异化。保健食品攸关健康，大家只敢买值得信赖的品牌。

2. 行业依赖规模优势？是。保健食品业须依赖规模优势。

3. 低价技术持续研发中？否，行业持续往更高质量的、综效的产品演进。

4. 当地政府砸钱补助？没有。

综合以上 4 点，葡萄王未来成为烧钱公司的可能性并不大。

6–8 油封业　精密技术取胜　茂顺小兵立大功

本章要介绍一家特别的公司给大家，“油封”业的茂顺（9942）。难道是做油封鸭、油封鸡的公司？并不是，油封是泛指用来“封住”机械润滑油的组件。许多机械的传动系统都会需要润滑油，油封零件将需要润滑的部件与出力部件隔离，让润滑油不至于渗漏，也防止外部灰尘异物侵入，具有防漏、防尘、防震、耐磨损和固定等作用。台湾的油封业龙头正是茂顺，但茂顺的全球市场占有率竟不到 1%！虽然市场占有率不高，但茂顺获利却很稳定。原因为何呢？分析如下：

获利性分析　定制化程度高，竞争优势难取代

长期 ROE

茂顺 2005—2012 年平均 ROE 约 18%，算不错，虽波动稍大，但在金融危机时也有 10%，仍属稳健（详见图 6–8–1）。

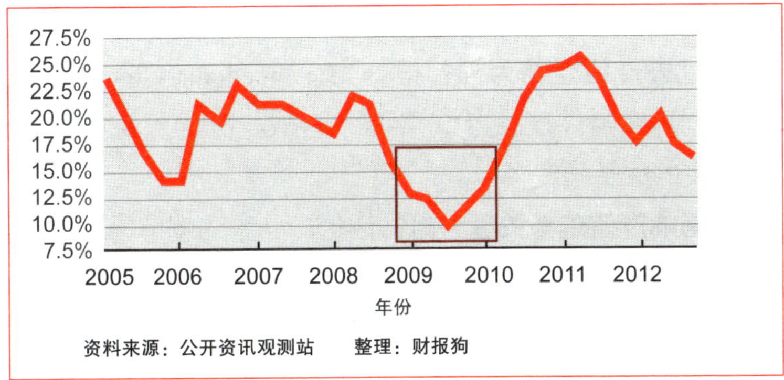

图 6-8-1 茂顺 ROE 在金融危机时仍有 10% 水准——茂顺（9942）近 4 季 ROE

长期净利率

净利率趋势持平，平均在 20% 左右，表现良好（详见图 6-8-2）。根据以上两点，可以判断茂顺的获利能力不错。

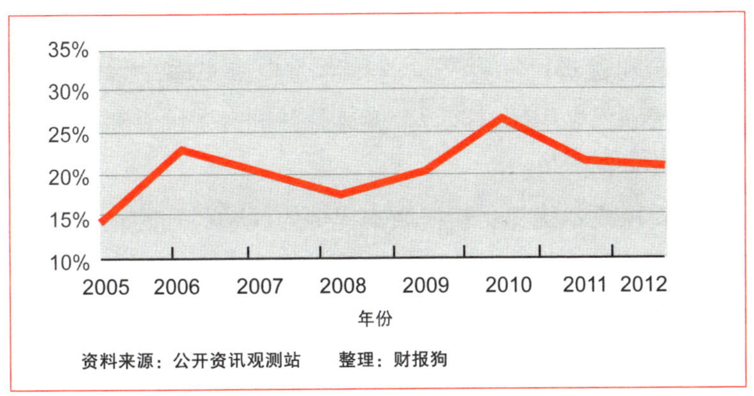

图 6-8-2 茂顺净利率维持在 20% 左右——茂顺净利率

行业分析

茂顺的油封产品，出货范围为全球，所以我们要研究的行业，就是全球密封件产品的供需状况：

◎行业长期持平或向上?

1. 过去产值走势为何? 根据 The Freedonia Group 的统计数据，全球密封件产品近 10 年来复合成长率约为 5.7%，算是相当健康的成长幅度。

2. 影响产值走势关键为何? 油封产品的终端市场包括工业用、车用、电子产品等，使用范围相当广泛，可以说影响油封产值走势的因素，为全球景气发展状况。

3. 行业有替代品危机吗? 油封业已存在多年，迄今工业技术仍无法发明替代品或效果更好的新产品，去完全取代密封件的功能，因此短期内不容易出现替代品危机。

综合以上 3 点，我们认为油封业未来应可持续微幅成长。

◎公司是否具备长期竞争力?

确认油封业未来可持续微幅成长后，接下来要检视公司的竞争优势。我们整理出茂顺的竞争优势如下：

1. 专利优势： 油封产品的特性为少量多样，需要大量的模具。茂顺已累积超过 8 万个模具，并拥有多项制造模具的专利，享有专利优势。

2. 转换成本优势： 转换成本优势为茂顺最强的竞争优势。综观全球油封业，前 5 大厂商的总市场占有率加起来只有 30% 左右，且除了前 5 大厂商外，没有一家的市场占有率可以超过 3%。之所以有这种市场分散的现象，主因油封业为定制化程度相当高的产业，各种产品和特定需求极为多样化，很难有厂商能完全满足整个市场需求。但油封、密封件又是属于精密产业之零组件，在技术、质量上要求相对较高，因此使得每个油封厂都有各自掌握的一块利基。定制化程度高，就代表转换供货商是相当不容易的一件事。

根据以上的分析，我们认为茂顺在产业趋势与竞争优势方面都没问题。所以，茂顺获利部分的产业分析，过关！

安全性分析　本业确实赚进现金，财务状况健康

营业现金流对净利比

茂顺的营业现金流对净利比平均约 100%，仅一年小于 50%，代表茂顺本业确实有赚进现金，很好（详见图 6-8-3）。

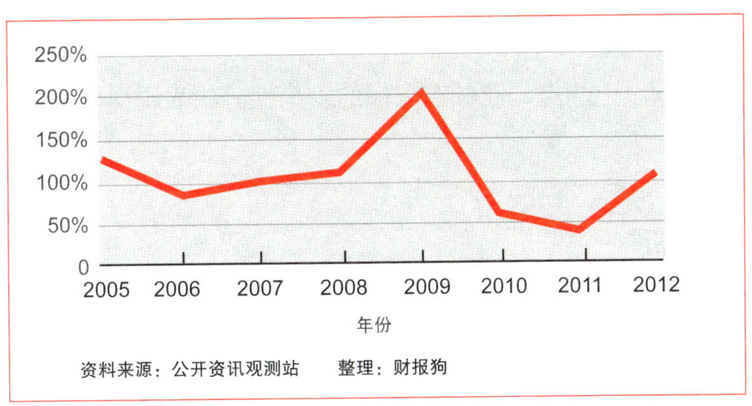

图 6-8-3　茂顺营业现金对净利比仅 1 年低于 50%——茂顺营业现金流对净利比

自由现金流

2005—2012 年茂顺仅 1 年自由现金流小于 0，其他年度都是正值，没有入不敷出的现象，也相当健康（详见图 6-8-4）。

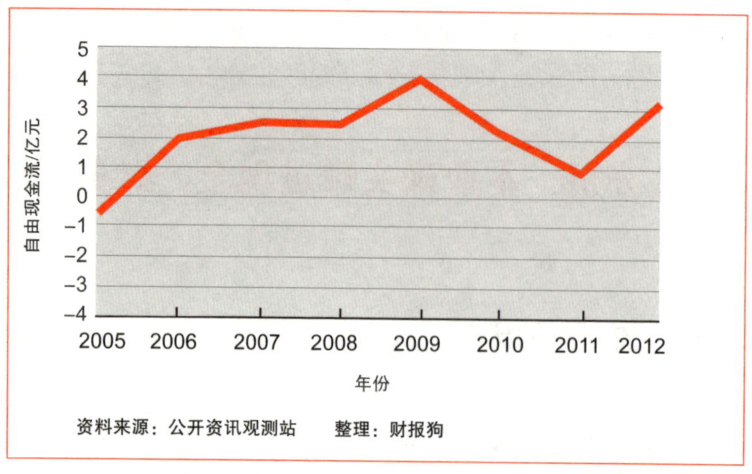

图 6–8–4　茂顺自由现金流几乎维持正值——茂顺自由现金流

根据以上两点，茂顺在财报的安全性分析表现良好，没什么问题。

行业分析

从自由现金流量来看，茂顺并不是烧钱的公司。那么，未来它可能会变成烧钱的公司吗？我们来检视一下烧钱行业的 4 大特色：

1. **产品无法差异化？** 产品差异性大，本身就是油封业的特色。
2. **产业依赖规模优势？** 否，少量多样产品较不依赖规模优势。
3. **低价技术持续研发中？** 否。
4. **各国政府砸钱补助？** 没有。

综合以上 4 点，茂顺未来成为烧钱公司的可能性并不大。